小学校 算数
「学び合い」を成功させる課題プリント集

西川 純・木村 薫
編著

3年生

本書の特徴

　『学び合い』は成績が上がります。特に、全国学力テスト（全国学力・学習状況調査）の点数は驚異的に上がります。

　ある小学校をサポートしました。『学び合い』の良さを分かっていただき、学校全体として『学び合い』に取り組むようになりました。その後、新しい校長が赴任してきました。その校長は以前より『学び合い』の授業を参観している方で、その良さを分かっていただいています。そこでの会話です。

校長：『学び合い』の良さは分かりますが、学力は上がらないですね？
　私：それは前校長も、先生方も学力を上げることを求めなかったからです。
校長：成績で結果を出さなければ、駄目ですよ。
　私：私自身は以前より成績を上げようと提案したのですが、人間関係の向上に先生方の意識が向いていて乗り気になっていただけませんでした。本当は、さらに一歩高い人間関係をつくるには成績向上を目指さなければなりません。校長がお望みならば、是非、やらせてください。
　　　ただし、最初にお伺いします。校長が向上をお望みの学力とは何ですか？　具体的には、平常の単元テストですか？　県配信テストですか？　全国学力テストですか？
校長：全国学力テストです。
　私：分かりました。3つのことをやっていただければ、向上させることをお約束します。
　　　第一に、校長先生が職員に全国学力テストの点数を上げることを求め、納得させてください。これは我々にはできません。
　　　第二に、職員の方々が子どもたちに全国学力テストの点数を上げることを求めてください。つまり、このことを本気でやっていただくように校長から職員の方々を納得させてください。
　　　第三に、我々が課題をつくります。『学び合い』でそれを使ってください。
校長：分かりました。

　その結果、全国学力テストを受けないクラスも含めて、先生方は子どもたちにテストの点数を上げるように求めました。
　一年後。全国学力テストで約20ポイントの向上が見られました。数ポイントで一喜一憂している方々にはビックリですね。その他の学年のクラスでもNRTや単元テストの点数が10ポイント以上の向上が見られました。
　すべては私が校長に求めた3つがポイントなのです。
　まず、第三のポイントを説明いたします。
　全国学力テストの通過率を調べると、それほど難しくないのに通過率が低い問題があります。どんな問題でしょうか？
　記述する問題です。
　単に計算するという問題の場合、普段の単元テストの成績と一致しています。ところが、記述問題になったとたんに通過率が低くなります。何故かといえば、普段の授業でも単元テストでも、そのような問題は解答に時間がかかるので避けられる傾向があります。だから、子どもたちは経験していないのです。

ところが全国学力テストB問題は、A問題とは異なりただ答えを出すだけでなく、記述式で「～わけを、言葉や式をつかって書きましょう。」という、解き方を言葉や式で表現する問題が数多く出題されます。

　解き方や公式を機械的に覚えていけば簡単な計算問題などには対応することができます。しかし、答えを出すだけでなく、なぜそうなるのかを表現しなければならないのです。記述式問題になると、正答率は5割程度になってしまいます。無答率はおおむね1割に満たない程度です。何を聞かれていて、何を書けばよいか分からないけれどとりあえず何か書いておく、または何も書かないというようになってしまうのです。それには、やはり、日々の授業中においてその計算の仕方や、公式の意味、出てくる数値の意味を記述していくといった練習を数多くこなす必要があります。

　本課題集には記述問題を多く入れました。それらは大きく分けて二つに分かれます。

　第一に、問題の解き方などを記述させる問題です。例えば、以下のような問題です。

❷ 6＋8のけいさんのしかたをことばでかきましょう。3にんにせつめいし、なっとくしてもらえたらサインをもらいましょう。

［けいさんのしかた］

　しかし、問題のレベルが高い場合、どう書けばいいか成績上位層でも迷うことがあります。そこで第二のタイプの問題を用意しました。先に解を与えて、なぜそうなるかを問う課題を与えるということです。漠然と説き方を聞かれても、分からない子は分かりません。なので、先に解を与え、その過程を考えさせるのです。今までは、わけの分からない時間を経て、公式や解き方を覚えていました。それを先に公式や、答えが分かり、それはどう導けるかを考えるようにしていくのです。塾や通信教育で学んでいる子どもも、公式や解き方は覚えていますが、なぜそうなるかということまでは学んでいないことが多いのです。このことを踏まえた課題に取り組むことによって、一つ一つの計算の仕方の意味や、公式の意味、数値の意味を理解して言葉でまとめるといったことができるようになってきます。

❷ 48－4＝44になります。このけいさんのしかたをかきましょう。ただし「十のくらい」「一のくらい」ということばをつかいましょう。3人にせつめいし、なっとくしてもらえたらサインをもらいましょう。

🖉 ともだちのサイン

　このような記述式に対応する力は、低学年、中学年ではあまり扱われません。しかし、それらの力が算数において重要な力であることは言うまでもないことです。式の意味や計算の仕方を言葉で書いたり、

説明したりする活動を多くこなすことによって、なぜそうなるかを考える習慣を身に付けたり、言葉や式で表現することに抵抗感なく取り組めるようになったりすることができます。また、理由を言語化してみる、人に伝わる形で表してみるということは、自身の理解を確かにしていくことに大いに役に立ちます。あやふやなことを、文章にしていくことや人に伝えていくことによって、より正確な理解へとつながっていくのです。

　本書は、『学び合い』を成功させる課題プリント集で、日々の授業で使っていただくことを想定しています。課題は、「〜ができる、〜を解くことができる」というものだけではありません。多くが、「〜を解き3人に説明し、納得してもらえたらサインをもらう」「式の意味や計算の仕方を言葉で書き、書いたものを3人に説明し納得してもらえたらサインをもらう」というものです。

　問題解決的な授業として、教科書を見せずに、漠然と「計算の仕方を考えよう」と教師が提示して「自力解決」を促し、その後全体で交流する、といった授業も行われています。しかし、これでは、分からない子は分からないまま自力解決のときには、ボーッとしています。結局「自力解決」できるのは、塾や通信教育で学校の授業を先に勉強している子どもだけです。その子たち数人が、教師に解き方を説明し、教師はそれを笑顔でうなずきながら板書をします。分からなかった子どもたちは、何かよく分からないまま、教師が板書したことをノートに写します。そして、よく意味も分からない公式や計算の仕方をこういうものだと思い、なんとなく覚えていくのです。

　このような授業は、誰の役にも立っていません。分かる子は、もっと分かっている教師に説明しているだけです。分からない子は分からないままです。

　では、どうすればよいのか。

　先に述べたとおり、解き方を文章化したり、友達に伝えたりすることによって、理解を確かなものにしていくことです。分からない子も、友達の説明を聞くことによって分かるようになっていきます。そして、最初は分からなかった子も「全員が説明できるようになる。」という課題のもと、自分の言葉で人に説明できるために学習に取り組んでいくのです。

　まさに『学び合い』でやっていることです。

　このように、言葉でまとめる練習をしたり、子ども同士で説明し合ったりという問題を数多く入れています。説明が正しければサインをもらえます。正しくないのにサインをしている姿は『学び合い』の「一人も見捨てない」に反していることを、教師は語らなければなりません。1時間ごとのめあても、「全員が〜を説明できるようになる」と提示し、全員が課題を説明できるようになってほしいと願い、クラス全員で実行していきます。

　全国学力テスト直前期に類似問題を数多く行うことによっても、もちろん点数の向上が見られます。しかし、低学年のうちから、言葉で説明するということを繰り返すことによっても、解き方を言葉や式で表現する問題に対応する力を伸ばしていくことができるのです。それ故、本課題集は年間を通して使えるようにしています。

本課題集を活用すれば全国学力テストで点数は上がります。しかし、驚異的な向上を望むならば、まだ足りません。

　私は新校長に、以下を求めました。

> 第一に、校長先生が職員に全国学力テストの点数を上げることを求め、納得させてください。これは我々にはできません。
> 第二に、職員の方々が子どもたちに全国学力テストの点数を上げることを求めてください。つまり、このことを本気でやっていただくように校長から職員の方々を納得させてください。

　全国学力テストの点数が上がらない最大の理由は、子どもたちがテストの点数を上げることに意味を持っていないからです。全国学力テストは平常の単元テストに比べて問題数が多く、記述式が多いのです。途中で「どうでもいい」と思う子が生まれるのは当然です。それらが無答に繋がります。

　100点満点で90点の子どもを95点にするのは困難です。しかし、20点の子どもを50点にすることは容易いでしょう。要はその子がテストの点数を上げようと思い、食らいついていけばいいだけのことです。20点が50点に上がれば30点の上昇です。その子一人でクラス平均を1ポイント上げることができるのです。途中で投げ出す子どもを思い浮かべてください。かなりの上昇が期待できます。

　何故、子どもが全国学力テストで点数を上げようとしないのでしょうか？ それは教師が全国学力テストの点数を上げたいと思っていないからです。もちろん点数が上がったらいいなとは思っているでしょうが、上げるために何かをすること、ましてや子どもに点数を上げることを求めることは「不浄」なように感じていると思います。

　私だったら子どもたちに以下のように語るでしょう。

　『陸上や水泳で、学校を代表して大会に参加する人もいるよね。そんな人は学校のために頑張るし、学校のみんなも応援するよね。みなさんは全国学力テストというテストを受けます。これはみなさん全員が参加する勉強の全国大会です。私はみなさんの勉強する姿を見てすごいと思っています。そのすごさを保護者に自慢したくてうずうずしています。この大会で全国優勝をしましょう！ 君たちならできると思います。この大会は団体戦です。一人の例外もなく結果を出したとき優勝できる。つまり、『学び合い』で大事にしている「一人も見捨てない」ということを徹底しているクラスが結果を出せます。つまり、仲間を大事にしている最高のクラスが優勝できるのです。みんなで優勝しましょう！』

　実は全国学力テストの対策としては、詳細な分析を行った優れた類書があります（例えば、『TOSS算数PISA型スキル　No.15 学力B問題（改訂版）』（東京教育技術研究所））。しかし、本書は「記述できる。説明できる」の1点に焦点を当てています。理由はそれが全国学力テスト以外にも汎用性が高いからです。記述し、説明する能力が上がれば、それはNRTや単元テストにも影響する全般的な学力の基礎となるからです。第二に、あまり手を広げても、「伸びしろ」の大きい成績下位層にはそれほど影響がないと判断したからです。

　もし、みなさんが1点でも多く取ろうと思い、記述式に慣れたクラスだったら、どれほどの結果を出せると思いますか？ 結果を出せるために手品の種は、たったこれだけです。これだけのことを徹底できれば結果を出せます。

本書の使い方

　本書は、『学び合い』によって進めていきます。全員が課題を達成することを求め、子どもたちに力をつけさせていきます。

【準備するもの】
・本書の該当単元のワークシートのコピー人数分
・本書の該当単元のワークシートの答え1、2枚
・クラスの子どものネームプレート

　本書のワークシートをコピーしたものを人数分用意します。また、答えも用意し、教室の前方や後方に置いておき、答え合わせをしたり、分からないときのヒントにできるようにしておきます。

　誰ができて、誰がまだ考え中かを分かるようにネームプレートを使います。黒板にマグネットでできたネームプレートを貼り、できた人は、「まだ」の囲みから、「できた」の囲みに移すようにします。できていない子は「できた」の子に聞きに行けますし、できた子は「まだ」の子に教えに行くことができ、子ども同士の助け合いができるようになります。

【本書を利用した授業の流れ】
（時間は目安です。クラスの実態、課題の難易度によって変わります）

①スタート〜5分ぐらい （教師が課題を伝える）

　子ども同士が、問題に向き合い、考えたり、教え合ったり、説明し合ったりする時間を多く設けるために、教師が課題を伝える時間は5分以内にします。課題の内容は、あらかじめワークシートに記入してありますので、板書を書き写すといった手間も省きます。この語りでは、「一人も見捨てずに、全員が達成することが目標である」ことを伝えます。そして、そのためには、「分からないから教えて」と自分から動くことがいいことであるということを奨励します。

②5分ぐらい〜30分ぐらい （子どもが動き、グループでの学習が始まる）

　最初は一人一人課題に取り組むために、あまり動きは見られないかもしれません。しかし、「時間内に全員が達成すること」を教師が伝えることによって、子どもたちは自分たちで考えてグループを作るようになります。友達のところに動く、「一緒にしよう」というような声かけ、すぐに課題に取り組む姿、「教えて」と助けを借りる姿、「大丈夫？ 分かる？」と友達を助けようとする姿などが見られたら、それを大きな声でクラス全体に広めましょう。

　できた子は、3人に説明したり解答を見て丸つけをしたりします。その後、マグネットを動かし、まだ終わっていない子に教えにいきます。このとき、よく仲の良い子にばかり教えにいくなどグループが

固定化することが考えられます。分からない子は、一人で分からないままということも見られます。教師は「全員達成をするためには、誰に教えにいったり、誰と交流したりすることがいいのかな」と伝えていきます。

③ 30分ぐらい〜 40分（めざせ、全員達成！）

　残り10分程度になると課題を達成した子ども、達成していない子どもと分かれてきます。あまりネームプレートが動いていない場合は、終わっている子どもに向けて「みんなが分かるためにはどうしたらいいかな？」「いろいろなところにちらばるのもいいよね」と最後までみんなのためにできることをするよう声をかけます。

　一方、ネームプレートが動いている子が多い場合は、「自分の考えを伝えれば伝えるほど、賢くなるし、友達のためにもなるよ」と、よりみんなが分かることを目指すような声かけを教師がするようにします。達成した子がほとんどで、達成していない子が数人となる場合があります。そのようなときには、「みんなも大勢の友達に囲まれたら勉強しにくいよね」「教えるだけじゃなくて、本当にみんなが分かるためにできることもあるよね」と言い、残りの時間を本当に分かるために使うように言葉かけをします。

　例えば、「説明を紙を見ないで言えるようになるともっといいよね」や「違う問題を自分たちでつくって、計算の仕方を説明してみるのもいいよね」というように言葉かけをすることによって、課題が終わってしまい、教える相手がいない子どもも、友達と交流しながら、理解を確かなものにすることができます。

④ 40分〜 45分（成果の振り返り）

　「全員達成」ができたかを振り返ります。学習のまとめはしません。ここで、学習のまとめをしてしまうと、最後に先生がまとめてくれるからと思い、『学び合い』に真剣に取り組まなくなります。従来のなんだかよく分からないけれど、まとめを覚えればよい授業と同じになってしまいます。まとめをしないからこそ、授業中の交流を通して、課題を「全員達成」してみんなで分かることを求めるのです。

　課題を達成していない人がいたときには、次はどのようにすればよいかを子どもたちに考えさせます。そして、教師の「全員達成」をあきらめない気持ちを伝えます。

本書の問題は、株式会社教育同人社より発行している算数ドリルの問題を掲載（一部修正）しております。教育同人社様のご協力に感謝申し上げます。

もくじ

本書の特徴 — 2
本書の使い方 — 6

Part 1
『学び合い』を成功させる課題プリント集

課題1 かけ算 めあてと課題 — 12
1 ぜんいんが，かけ算のきまりをせつ明することができる①。 — 14
2 ぜんいんが，かけ算のきまりをせつ明することができる②。 — 15
3 ぜんいんが，10のかけ算の計算のしかたをせつ明することができる。 — 16
4 ぜんいんが，10より大きいかけ算の計算のしかたをせつ明することができる。 — 17
5 ぜんいんが，0のかけ算のきまりをせつ明することができる。 — 18

課題2 時こくと時間 めあてと課題 — 19
1 ぜんいんが，ついた時こくや，かかった時間のもとめ方をせつ明することができる。 — 20
2 ぜんいんが，出た時こくや，あわせた時間のもとめ方をせつ明することができる。 — 21
3 ぜんいんが，「秒」をつかって時間をあらわすことができる。 — 22

課題3 長さ めあてと課題 — 23
1 ぜんいんが，まきじゃくのめもりの読み方をせつ明することができる。 — 24
2 ぜんいんが，まきじゃくをつかって，みのまわりのものをはかることができる。 — 25
3 ぜんいんが，道のりの意味や，道のりの計算のしかたをせつ明することができる。 — 26

課題4 わり算 めあてと課題 — 27
1 ぜんいんが，1人分の数をもとめるわり算の，式をせつ明をすることができる。 — 29
2 ぜんいんが，何人に分けられるかをもとめるわり算の，答えのもとめ方をせつ明することができる。 — 30
3 ぜんいんが，1つのわり算の式から2しゅいのもんだいを作ることができる。 — 31
4 ぜんいんが，答えが1や0になるわり算や，1でわるわり算の計算をせつ明することができる。 — 32
5 ぜんいんが，(2けた)÷(1けた)の計算のしかたをせつ明することができる。 — 33

課題5 たし算とひき算 めあてと課題 — 34
1 ぜんいんが，3けたのくり上がりのあるたし算の筆算のしかたをせつ明することができる。 — 36
2 ぜんいんが，3けたのくり上がりが2回あるたし算の筆算のしかたをせつ明することができる。 — 37
3 ぜんいんが，3けたのくり下がりのあるひき算の筆算のしかたをせつ明することができる。 — 38
4 ぜんいんが，百の位からつづけてくり下がりのある，3けたの筆算のしかたをせつ明することができる。 — 39
5 ぜんいんが，千の位からつづけてくり下がりのある，3けたの筆算のしかたをせつ明することができる。 — 40
6 ぜんいんが，4けたのたし算・ひき算の筆算のしかたをせつ明することができる。 — 41
7 ぜんいんが，暗算のしかたをせつ明することができる。 — 42

課題6	あまりのあるわり算 めあてと課題	43
1	ぜんいんが，あまりのあるわり算の計算のしかたをせつ明することができる。	45
2	ぜんいんが，わり算のわる数とあまりのかんけいや，答えのたしかめ方をせつ明することができる。	46
3	ぜんいんが，わり算のもんだいをとき，答えのりゆうをせつ明することができる。	47

課題7	大きい数 めあてと課題	48
1	ぜんいんが，10000より大きい数を正しく書いたり，読んだりすることができる。	50
2	ぜんいんが，千万の位までの数を正しく書いたり，読んだりすることができる。	51
3	ぜんいんが，大きい数について，1000を何こ集めたというあらわし方ができる。	52
4	ぜんいんが，数直線上の数を読んだり，数直線上に数をあらわしたりすることができる。	53
5	ぜんいんが，大きい数の大小をくらべたり，いろいろな見方であらわしたりすることができる。	54
6	ぜんいんが，10倍，100倍した数のあらわし方をせつ明することができる。	55
7	ぜんいんが，10でわった数のあらわし方をせつ明することができる。	56

課題8	かけ算の筆算 めあてと課題	57
1	ぜんいんが，(何十)×(1けた)，(何百)×(1けた)のかけ算の計算のしかたをせつ明することができる。	59
2	ぜんいんが，(2けた)×(1けた)のかけ算の，筆算のしかたをせつ明することができる。	60
3	ぜんいんが，(2けた)×(1けた)で，くり上がりのあるかけ算の，筆算のしかたをせつ明することができる①。	61
4	ぜんいんが，(2けた)×(1けた)で，くり上がりのあるかけ算の，筆算のしかたをせつ明することができる②。	62
5	ぜんいんが，(3けた)×(1けた)のかけ算の，筆算のしかたをせつ明することができる。	63
6	ぜんいんが，(3けた)×(1けた)で，くり上がりのあるかけ算の，筆算のしかたをせつ明することができる。	64
7	ぜんいんが，かけ算のきまりをつかって，くふうして計算をすることができる。	65
8	ぜんいんが，倍の大きさをもとめる計算のしかたをせつ明することができる。	66
9	ぜんいんが，何倍かをもとめる計算のしかたをせつ明することができる。	67

課題9	小数 めあてと課題	68
1	ぜんいんが，はしたの大きさを小数であらわすことができる。	71
2	ぜんいんが，長さやかさを小数であらわすことができる。	72
3	ぜんいんが，数直線上の小数を読んだり，あらわしたりすることができる。	73
4	ぜんいんが，小数のしくみや大小のくらべ方をせつ明することができる。	74
5	ぜんいんが，小数のたし算・ひき算をすることができる。	75
6	ぜんいんが，小数のたし算とひき算の筆算をすることができる①。	76
7	ぜんいんが，小数のたし算とひき算の筆算をすることができる②。	77
8	ぜんいんが，小数をいろいろな見方でせつ明することができる。	78

課題10	重さ めあてと課題	79
1	ぜんいんが，重さをたんい「g」をつかってあらわすことができる。	80
2	ぜんいんが，はかりをつかって，ものの重さをはかることができる。	81
3	ぜんいんが，重さの計算のしかたをせつ明することができる。	82

課題11 円と球 めあてと課題　　　　　　　　　　　　　　　83

1 ぜんいんが，みんながなっとくする玉入れのならび方をせつ明することができる。　　85
2 ぜんいんが，円とはどのような形かを，せつ明することができる。　　86
3 ぜんいんが，コンパスをつかって円をかいたり，はたらきをせつ明したりすることができる。　　87
4 ぜんいんが，球のとくちょうをせつ明することができる。　　88

課題12 分数 めあてと課題　　　　　　　　　　　　　　　89

1 ぜんいんが，分数をつかって，はしたの大きさをあらわすことができる。　　90
2 ぜんいんが，分数のしくみや，小数とのかんけいをせつ明することができる。　　91
3 ぜんいんが，分数のたし算とひき算の計算のしかたをせつ明することができる。　　92

課題13 □をつかった式 めあてと課題　　　　　　　　　　　　　　　93

1 ぜんいんが，□をつかったたし算・ひき算の式の，□にあてはまる数のもとめ方をせつ明することができる。　　94
2 ぜんいんが，□をつかったかけ算の式の□の数をもとめたり，式の意味をせつ明したりすることができる。　　95

課題14 2けたのかけ算 めあてと課題　　　　　　　　　　　　　　　96

1 ぜんいんが，(1けた)×(何十)，(何十)×(何十)のかけ算の，計算のしかたをせつ明することができる。　　98
2 ぜんいんが，(2けた)×(2けた)のかけ算の，筆算のしかたをせつ明することができる①。　　99
3 ぜんいんが，(2けた)×(2けた)のかけ算の，筆算のしかたをせつ明することができる②。　　100
4 ぜんいんが，(2けた)×(2けた)のかけ算の，筆算のしかたをせつ明することができる③。　　101
5 ぜんいんが，(3けた)×(2けた)のかけ算の，筆算のしかたをせつ明することができる。　　102
6 ぜんいんが，(3けた)×(2けた)のかけ算を，答えの見当をつけてから計算することができる。　　103
7 ぜんいんが，暗算のしかたをせつ明することができる。　　104

課題15 三角形 めあてと課題　　　　　　　　　　　　　　　105

1 ぜんいんが，二等辺三角形と正三角形の見つけ方をせつ明することができる。　　107
2 ぜんいんが，コンパスをつかって，二等辺三角形や正三角形をかくことができる。　　108
3 ぜんいんが，円をつかって，二等辺三角形や正三角形をかくことができる。　　109
4 ぜんいんが，二等辺三角形と正三角形の角のとくちょうをせつ明することができる。　　110

課題16 表とグラフ めあてと課題　　　　　　　　　　　　　　　111

1 ぜんいんが，集めたしりょうを整理し，表にまとめることができる。　　113
2 ぜんいんが，ぼうグラフのよさをせつ明することができる。　　114
3 ぜんいんが，ぼうグラフのかき方をせつ明することができる。　　115
4 ぜんいんが，ふく数の表を，1つの表にまとめることのよさをせつ明することができる。　　116

Part2 『学び合い』を成功させる課題プリント・解答集　　　　　117

Part 1
『学び合い』を成功させる
課題プリント集

- **課題1** かけ算　めあてと課題 ……………………… 12
- **課題2** 時こくと時間　めあてと課題 ……………… 19
- **課題3** 長さ　めあてと課題 …………………………… 23
- **課題4** わり算　めあてと課題 ………………………… 27
- **課題5** たし算とひき算　めあてと課題 …………… 34
- **課題6** あまりのあるわり算　めあてと課題 ……… 43
- **課題7** 大きい数　めあてと課題 …………………… 48
- **課題8** かけ算の筆算　めあてと課題 ……………… 57
- **課題9** 小数　めあてと課題 …………………………… 68
- **課題10** 重さ　めあてと課題 …………………………… 79
- **課題11** 円と球　めあてと課題 ………………………… 83
- **課題12** 分数　めあてと課題 …………………………… 89
- **課題13** □をつかった式　めあてと課題 …………… 93
- **課題14** 2けたのかけ算　めあてと課題 …………… 96
- **課題15** 三角形　めあてと課題 ……………………… 105
- **課題16** 表とグラフ　めあてと課題 ………………… 111

課題1 かけ算

	めあて（GOAL）	課題
1	ぜんいんが，かけ算のきまりをせつ明することができる①。	かけ算にはつぎの（1），（2），（3）のきまりがあります。 （1）かける数が1ふえると，答えはかけられる数だけ大きくなる。 （2）かける数が1へると，答えはかけられる数だけ小さくなる。 （3）かけられる数とかける数を入れかえて計算しても，答えは同じになる。 ❶（1）〜（3）のきまりが正しいことのせつ明を，8×3をつかって書きましょう。3人にせつ明し，なっとくしてもらえたらサインをもらいましょう。 ❷〔　　　〕にあてはまる数を書きましょう。
2	ぜんいんが，かけ算のきまりをせつ明することができる②。	かけ算には，つぎの（1），（2）のきまりがあります。 （1）かけ算では，かけられる数を分けて計算しても，答えは同じになる。 （2）かけ算では，かける数を分けて計算しても，答えは同じになる。 ❶（1），（2）のきまりがそれぞれなり立つことを，自分できめた九九をつかってせつ明を書きましょう。3人にせつ明し，なっとくしてもらえたらサインをもらいましょう。 ❷〔　　　〕にあてはまる数を書きましょう。 ❸ つぎの〔　　　〕にあてはまる数を書きましょう。また，見つけ方を3人にせつ明し，なっとくしてもらえたらサインをもらいましょう。 ❹ ❸のようなもんだいを作って，友だちと出し合いましょう。
3	ぜんいんが，10のかけ算の計算のしかたをせつ明することができる。	❶ 5×10＝50になります。かけ算のきまりをつかって，この計算のしかたを，2通りの方ほうで考えましょう。それぞれのつかったかけ算のきまりと，計算のしかたを3人にせつ明し，なっとくしてもらえたらサインをもらいましょう。 ❷ 10×3＝30になります。この計算のしかたを，2通りの方ほうで考えましょう。1つ目は「かけ算のきまり」，2つ目は「10のまとまり」ということばをつかいましょう。 ❸ かけ算をしましょう。

4	ぜんいんが，10より大きいかけ算の計算のしかたをせつ明することができる。	❶ 13×3の計算のしかたを考えます。3通りの方ほうで考えて書きましょう。 　3人にせつ明し，なっとくしてもらえたらサインをもらいましょう。 ❷ つぎの計算をしましょう。また，計算のしかたを書きましょう。
5	ぜんいんが，0のかけ算のきまりをせつ明することができる。	❶ おはじき入れをしたら下の表のようになりました。〔　　　〕にあてはまる数を書きましょう。 ❷ 「どんな数に0をかけても，0にどんな数をかけても答えは0になる」このことがなり立つことを，「かける数」「かけられる数」ということばをつかってせつ明を書きましょう。 　3人にせつ明し，なっとくしてもらえたらサインをもらいましょう。 ❸ かけ算をしましょう。
6	ぜんいんが，かけ算のれんしゅうもんだいをとくことができる。	❶ れんしゅうもんだいとをき，丸つけをしましょう。 　（教科書のもんだいをときましょう。）

かけ算 ①

＿＿＿組＿＿＿番　氏名＿＿＿＿＿＿＿＿＿＿

👑GOAL
ぜんいんが，かけ算のきまりをせつ明することができる①。

かけ算にはつぎの（1），（2），（3）のきまりがあります。
(1) かける数が1ふえると，答えはかけられる数だけ大きくなる。
(2) かける数が1へると，答えはかけられる数だけ小さくなる。
(3) かけられる数とかける数を入れかえて計算しても，答えは同じになる。

❶ (1)～(3)のきまりが正しいことのせつ明を，8×3をつかって書きましょう。
3人にせつ明し，なっとくしてもらえたらサインをもらいましょう。

(1)　　　　　　　　　(2)　　　　　　　　　(3)

✏️友だちのサイン ｜　　　｜　　　｜　　　｜

❷ 〔　　　〕にあてはまる数を書きましょう。

(1) 8×7 の答えは，8×6 の答えより〔　　　〕大きい。

(2) 5×8 の答えは，5×9 の答えより〔　　　〕小さい。

(3) 3×6 の答えは，〔　　　〕$\times 3$ の答えと同じになる。

(4) $3 \times 4 = 3 \times 3 + 〔　　　〕$　　(5) $9 \times 5 = 9 \times 6 - 〔　　　〕$

(6) $5 \times 3 = 3 \times 〔　　　〕$

かけ算❷

___組___番 氏名_____

👑GOAL
ぜんいんが，かけ算のきまりをせつ明することができる②。

かけ算には，つぎの（1），（2）のきまりがあります。
（1）かけ算では，かけられる数を分けて計算しても，答えは同じになる。
（2）かけ算では，かける数を分けて計算しても，答えは同じになる。

❶ （1），（2）のきまりがそれぞれなり立つことを，自分できめた九九をつかってせつ明を書きましょう。3人にせつ明し，なっとくしてもらえたらサインをもらいましょう。

（1）　　　　　　　　　　　　　　（2）

✏️ 友だちのサイン ☐☐☐

❷ 〔　　〕にあてはまる数を書きましょう。

(1) $7 \times 3 \begin{cases} 5 \times 3 = [] \\ [] \times 3 = [] \end{cases}$
あわせて 〔　　〕

(2) $4 \times 8 \begin{cases} 4 \times 6 = [] \\ 4 \times [] = [] \end{cases}$
あわせて 〔　　〕

❸ つぎの〔　　〕にあてはまる数を書きましょう。
また，見つけ方を3人にせつ明し，なっとくしてもらえたらサインをもらいましょう。

(1) $5 \times [] = 20$　　　　(2) $[] \times 6 = 54$

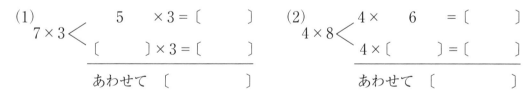

✏️ 友だちのサイン ☐☐☐

❹ ❸のようなもんだいを作って，友だちと出し合いましょう。

かけ算 ❸

＿＿＿組＿＿＿番　氏名＿＿＿＿＿＿＿＿＿＿

👑GOAL
ぜんいんが，10 のかけ算の計算のしかたをせつ明することができる。

❶ 5 × 10 ＝ 50 になります。かけ算のきまりをつかって，この計算のしかたを，2 通りの方ほうで考えましょう。それぞれのつかったかけ算のきまりと，計算のしかたを 3 人にせつ明し，なっとくしてもらえたらサインをもらいましょう。

(1) つかったかけ算のきまり　　　　　　(2) つかったかけ算のきまり

〔　　　　　　　　　　　　　　〕　　〔　　　　　　　　　　　　　　〕

［ 計算のしかた ］　　　　　　　　　　［ 計算のしかた ］

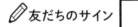友だちのサイン

❷ 10 × 3 ＝ 30 になります。この計算のしかたを，2 通りの方ほうで考えましょう。1 つ目は「かけ算のきまり」，2 つ目は「10 のまとまり」ということばをつかいましょう。

(1) つかったかけ算のきまり　　　　　　(2)「10 のまとまり」ということばをつかう

〔　　　　　　　　　　　　　　〕　　〔　　　　　　　　　　　　　　〕

［ 計算のしかた ］　　　　　　　　　　［ 計算のしかた ］

❸ かけ算をしましょう。

(1) 10 × 6 ＝〔　　　　　　〕　　　　(2) 4 × 10 ＝〔　　　　　　〕

かけ算 4

組　　番　氏名

👑GOAL
ぜんいんが，10 より大きいかけ算の計算のしかたをせつ明することができる。

❶ 13×3の計算のしかたを考えます。3通りの方ほうで考えて書きましょう。
　3人にせつ明し，なっとくしてもらえたらサインをもらいましょう。

✏️友だちのサイン

❷ つぎの計算をしましょう。また，計算のしかたを書きましょう。

(1) 11×4

［計算のしかた］

(2) 12×5

［計算のしかた］

かけ算 5

_____組_____番　氏名_____

👑GOAL
ぜんいんが，0のかけ算のきまりをせつ明することができる。

❶ おはじき入れをしたら下の表のようになりました。〔　　〕にあてはまる数を書きましょう。

[とく点表]

入ったところ（点）	3	2	1	0	合計
入った数（こ）	2	0	3	5	
とく点（点）					

(1) 3点のところに入ったとく点

　　3×〔　　　〕=〔　　　　〕

(2) 1点のところに入ったとく点

　　1×〔　　　〕=〔　　　　〕

(3) 2点のところに入ったとく点

　　〔　　〕×〔　　　〕=〔　　　〕

(4) 0点のところに入ったとく点

　　〔　　〕×〔　　　〕=〔　　　〕

(5) 合計とく点　　〔　　　　　　〕

❷ 「どんな数に0をかけても，0にどんな数をかけても答えは0になる」このことがなり立つことを，「かける数」「かけられる数」ということばをつかってせつ明を書きましょう。3人にせつ明し，なっとくしてもらえたらサインをもらいましょう。

✏️友だちのサイン | | | |

❸ かけ算をしましょう。

(1) 4×0 =〔　　　〕　(2) 7×0 =〔　　　〕　(3) 0×6 =〔　　　〕

(4) 0×9 =〔　　　〕　(5) 0×0 =〔　　　〕

課題2 時こくと時間

	めあて（GOAL）	課題
1	ぜんいんが，ついた時こくや，かかった時間のもとめ方をせつ明することができる。	❶ 町たんけんで，学校を8時50分に出て，30分歩いて公みん館につきました。公みん館についた時こくをもとめましょう。 ❷ つぎの時こくや時間をもとめましょう。 ❸ 9時40分に公みん館を出て，図書館に10時5分につきました。公みん館から図書館までかかった時間は何分ですか。かかった時間のもとめ方を，もけいと数直線をつかって3人にせつ明しましょう。なっとくしてもらえたらサインをもらいましょう。
2	ぜんいんが，出た時こくや，あわせた時間のもとめ方をせつ明することができる。	❶ 図書館を出て25分歩いて，公園に10時15分につきました。図書館を出た時こくをもとめましょう。 ❷ 公園にいた時間は30分，図書館にいた時間は40分です。あわせて何時間何分ですか。もとめましょう。 ❸ ❶❷で考えた，出た時こくや，あわせた時間のもとめ方を，もけいや数直線，計算式をつかって3人にせつ明しましょう。なっとくしてもらえたらサインをもらいましょう。 ❹ つぎの時こくや時間をもとめましょう。
3	ぜんいんが，「秒」をつかって時間をあらわすことができる。	❶ 3〜4人でグループを作り，1人ずつこまを回しましょう。回っている時間をストップウォッチではかり，○分△秒ときろくしましょう。 ❷ 自分と，グループの人のこまが回っている時間を秒だけになおして，上の表に書きこみましょう。 ❸ グループをかえて，❶❷と同じことをもう一度行いましょう。 ❹ 分と秒であらわされているものを，秒になおす方ほうを3人にせつ明しましょう。なっとくしてもらえたらサインをもらいましょう。 ❺ つぎの〔　　〕にあてはまる数字や時間のたんいを書きましょう。
4	ぜんいんが，時こくと時間のれんしゅうもんだいをとくことができる。	❶れんしゅうもんだいをとき，丸つけをしましょう。 （教科書のもんだいをときましょう。）

時こくと時間 ❶

_____組_____番 氏名_____

👑GOAL
ぜんいんが，ついた時こくや，かかった時間のもとめ方をせつ明することができる。

❶ 町たんけんで，学校を 8 時 50 分に出て，30 分歩いて公みん館につきました。
公みん館についた時こくをもとめましょう。

ついた時こく（　　　　　　　　　　）

❷ つぎの時こくや時間をもとめましょう。

(1) 12 時 45 分から 35 分後の時こく
（　　　　　　　　　）

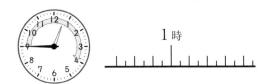

(2) 10 時 30 分から 11 時 10 分までの時間
（　　　　　　　　　）

(3) 3 時 35 分から 4 時 20 分までの時間
（　　　　　　　　　）

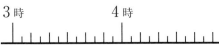

❸ 9 時 40 分に公みん館を出て，図書館に 10 時 5 分につきました。
公みん館から図書館までかかった時間は何分ですか。かかった時間のもとめ方を，もけいと数直線をつかって 3 人にせつ明しましょう。なっとくしてもらえたらサインをもらいましょう。

　　　　　　9 時 40 分　　　　　　10 時 5 分

かかった時間（　　　　　　　　　　　　　　　）

✏️友だちのサイン | | | |

時こくと時間 ❷

＿＿＿組＿＿＿番　氏名＿＿＿＿＿＿＿＿＿＿

👑GOAL
ぜんいんが，出た時こくや，あわせた時間のもとめ方をせつ明することができる。

❶ 図書館を出て 25 分歩いて，公園に 10 時 15 分につきました。
図書館を出た時こくをもとめましょう。

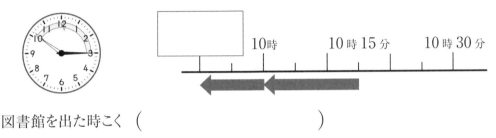

図書館を出た時こく （　　　　　　　　　　　　）

❷ 公園にいた時間は 30 分，図書館にいた時間は 40 分です。
あわせて何時間何分ですか。もとめましょう。

あわせた時間　（　　　　　　　　　　　　）

❸ ❶❷で考えた，出た時こくや，あわせた時間のもとめ方を，もけいや数直線，計算式をつかって 3 人にせつ明しましょう。なっとくしてもらえたらサインをもらいましょう。

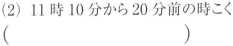

❹ つぎの時こくや時間をもとめましょう。

(1) 4 時 30 分から 50 分前の時こく
（　　　　　　　　　　　　）

(2) 11 時 10 分から 20 分前の時こく
（　　　　　　　　　　　　）

(3) 1 時間 20 分と 50 分をあわせた時間
（　　　　　　　　　　　　）

時こくと時間 3

_____組_____番　氏名_____

👑GOAL
ぜんいんが,「秒」をつかって時間をあらわすことができる。

❶ 3〜4人でグループを作り,1人ずつこまを回しましょう。
回っている時間をストップウォッチではかり,○分△秒ときろくしましょう。

回した人	回っている時間(○分△秒)	回っている時間（秒）

❷ 自分と,グループの人のこまが回っている時間を秒だけになおして,上の表に書きこみましょう。

❸ グループをかえて,❶❷と同じことをもう一度行いましょう。

回した人	回っている時間(○分△秒)	回っている時間（秒）

❹ 分と秒であらわされているものを,秒になおす方ほうを3人にせつ明しましょう。
なっとくしてもらえたらサインをもらいましょう。

✏️友だちのサイン　|　　　|　　　|　　　|

❺ つぎの〔　〕にあてはまる数字や時間のたんいを書きましょう。

(1) 3分=〔　　　〕秒　　　(2) 80秒=〔　　　〕分〔　　　〕秒

(3)・算数のじゅぎょうの時間……………………… 45〔　　　　　〕

　　・テレビのコマーシャルの時間………………… 15〔　　　　　〕

　　・ほうかご,公園で友だちとあそんだ時間…… 1〔　　　　　〕

　　・学校の休み時間………………………………… 25〔　　　　　〕

課題3 長さ

	めあて（GOAL）	課題
1	ぜんいんが、まきじゃくのめもりの読み方をせつ明することができる。	❶ 長いものの長さをはかるには、まきじゃくをつかうとべんりです。↓のめもりを読んで、長さを書きましょう。 ❷ ❶での、めもりの読み方をことばで書きましょう。3人にせつ明し、なっとくしてもらえたらサインをもらいましょう。 ❸ ㋐4m80cm ㋑5m25cm の長さをあらわすめもりに、↓をかきましょう。
2	ぜんいんが、まきじゃくをつかって、みのまわりのものをはかることができる。	❶ (1)〜(6)のものをはかるには、㋐30cmものさし、㋑1mものさし、㋒まきじゃく、のどれをつかえばべんりか考えて、記号で答えましょう。また、なぜその道具をえらんだか、3人にせつ明し、なっとくしてもらえたらサインをもらいましょう。 ❷ まきじゃくをつかって、教室のたてと横の長さをはかりましょう。 ❸ まきじゃくをつかって、みのまわりのものの長さをはかりましょう。はかったもの、見当をつけた長さ、じっさいの長さを書きましょう。 ❹ グループで、10mだと思うところをよそうしてきめましょう。じっさいに、まきじゃくをつかって長さをはかり、たしかめてみましょう。気づいたことを書きましょう。
3	ぜんいんが、道のりの意味や、道のりの計算のしかたをせつ明することができる。	1000mを1キロメートルといい、1kmと書きます。長い道のりなどをあらわすときには、キロメートルのたんいをつかいます。 ❶ 〔　　〕にあてはまる数を書きましょう。 ❷ 道のりときょりのことばのせつ明をそれぞれ書きましょう。 ❸ 下の絵地図を見て、もんだいに答えましょう。 ❹ ❸の道のりの計算のしかたを、3人にせつ明しましょう。なっとくしてもらえたらサインをもらいましょう。
4	ぜんいんが、時こくと時間のれんしゅうもんだいをとくことができる。	❶ れんしゅうもんだいをとき、丸つけをしましょう。 （教科書のもんだいをときましょう。）

長さ 1

___組___番 氏名_____

👑GOAL
ぜんいんが,まきじゃくのめもりの読み方をせつ明することができる。

❶ 長いものの長さをはかるには,まきじゃくをつかうとべんりです。
↓のめもりを読んで,長さを書きましょう。

(1) (　　　　　　　)　　(2) (　　　　　　　)

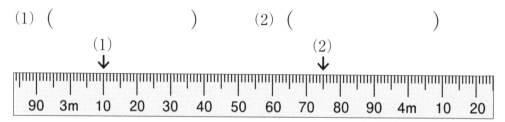

(3) (　　　　　　　)　　(4) (　　　　　　　)

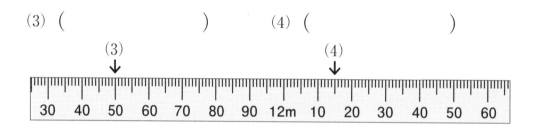

❷ ❶での,めもりの読み方をことばで書きましょう。3人にせつ明し,なっとくしてもらえたらサインをもらいましょう。

✏️友だちのサイン　|　　　|　　　|　　　|

❸ ㋐ 4m80cm　㋑ 5m25cm　の長さをあらわすめもりに,↓をかきましょう。

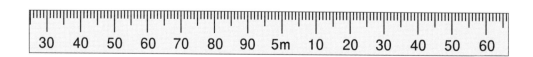

長さ ②

　　　　　　　　　　　　　　　組　　　番　氏名

👑GOAL
ぜんいんが，まきじゃくをつかって，みのまわりのものをはかることができる。

❶ (1) ～ (6) のものをはかるには，㋐ 30cmものさし，㋑ 1mものさし，㋒まきじゃく，のどれをつかえばべんりか考えて，記号で答えましょう。また，なぜその道具をえらんだか，3人にせつ明し，なっとくしてもらえたらサインをもらいましょう。

(1) 本のたて，横　　　(　　　)　　(2) つくえのたて，横　(　　　)

(3) 黒板のたて，横　　(　　　)　　(4) つくえの高さ　　　(　　　)

(5) カンのまわり　　　(　　　)　　(6) ろう下の長さ　　　(　　　)

✏️友だちのサイン

❷ まきじゃくをつかって，教室のたてと横の長さをはかりましょう。

・教室のたての長さ　　(　　　　　　　　　　　)

・教室の横の長さ　　　(　　　　　　　　　　　)

❸ まきじゃくをつかって，みのまわりのものの長さをはかりましょう。
はかったもの，見当をつけた長さ，じっさいの長さを書きましょう。

はかったもの	見当をつけた長さ	じっさいの長さ

❹ グループで，10mだと思うところをよそうしてきめましょう。
じっさいに，まきじゃくをつかって長さをはかり，たしかめてみましょう。
気づいたことを書きましょう。

長さ ３

___組 ___番 氏名_____

👑GOAL
ぜんいんが，道のりの意味や，道のりの計算のしかたをせつ明することができる。

1000 m を 1 キロメートルといい，1kmと書きます。
長い道のりなどをあらわすときには，キロメートルのたんいをつかいます。

❶ 〔　〕にあてはまる数を書きましょう。

(1) 1km 50 m =〔　　　〕m　(2) 1700 m =〔　　　〕km〔　　　〕m

❷ 道のりときょりのことばのせつ明をそれぞれ書きましょう。

・〔道のり〕

・〔きょり〕

❸ 下の絵地図を見て，もんだいに答えましょう。

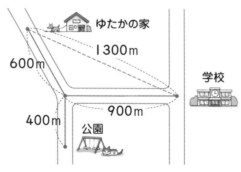

(1) ゆたかさんの家から学校までのきょりは何mですか。　（　　　　　）

(2) ゆたかさんの家から学校までの道のりは何km何mですか。（　　　　　）

(3) 学校から公園までの道のりは何km何mですか。　（　　　　　）

❹ ❸の道のりの計算のしかたを，3人にせつ明しましょう。なっとくしてもらえたらサインをもらいましょう。

✏️友だちのサイン

課題4 わり算

	めあて（GOAL）	課題
1	ぜんいんが，1人分の数をもとめるわり算の，式をせつ明することができる。	❶ 12このあめを，3人で同じ数ずつ分けます。1人分は何こになるでしょうか。ブロックを動かして，1人分の数をしらべましょう。 ❷ ❶のことを式で「12÷3＝4」とあらわすことができます。この式の，「12」「3」「4」の数字や「÷」の記号はどんなことを意味しているか考えて，書きましょう。 ❸ ❶の答えは，九九をつかって見つけることができます。そのりゆうを「1人分の数」「人数」「ぜんぶの数」ということばをつかって書きましょう。3人にせつ明し，なっとくしてもらえたらサインをもらいましょう。 ❹ 32dLの水を，8つの入れものに同じりょうずつ入れると，1つの入れものには何dL入りますか。
2	ぜんいんが，何人に分けられるかをもとめるわり算の，答えのもとめ方をせつ明することができる。	❶ 18このいちごを，1人に6こずつ分けます。何人に分けることができるでしょうか。ブロックを動かして，何人に分けることができるかをしらべましょう。また，わり算の式と答えを書きましょう。 ❷ ❶の答えは，6のだんの九九をつかって見つけることができます。そのりゆうを「1人分の数」「人数」「ぜんぶの数」ということばをつかって書きましょう。3人にせつ明し，なっとくしてもらえたらサインをもらいましょう。 ❸ 48cmのテープがあります。8cmずつ切ると，何本になりますか。
3	ぜんいんが，1つのわり算の式から2しゅるいのもんだいを作ることができる。	1人分の数をもとめるときも，何人に分けられるかをもとめるときも，どちらもわり算の式になります。 ❶ 12÷4の式になるもんだいを，2しゅるい作りましょう。 ❷ 72÷9の式になるもんだいを，2しゅるい作りましょう。 ❸ ❶❷で作った2しゅるいのもんだいと，それぞれ何をもとめるわり算になっているかを3人にせつ明し，なっとくしてもらえたらサインをもらいましょう。 ❹ わり算をしましょう。

4	ぜんいんが,答えが1や0になるわり算や,1でわるわり算の計算をせつ明することができる。	❶ 箱に入っているケーキを,3人で同じ数ずつ分けます。もんだいにあうように,式と答えを書きましょう。 ❷ わり算には,つぎのようなきまりがあります。 (1)わられる数とわる数が同じとき,答えはいつも1である。 (2)わられる数が0のときは,わる数がどんな数でも答えは0である。 これらのきまりがなり立っていることを,3人にせつ明し,なっとくしてもらえたらサインをもらいましょう。 ❸ わり算をしましょう。
5	ぜんいんが,(2けた)÷(1けた)の計算のしかたをせつ明することができる。	❶ 40まいの色紙を,2人で同じ数ずつ分けます。 (1)1人分は何まいになるか,式を書きましょう。 (2)計算のしかたを「10のまとまり」ということばをつかって書きましょう。 ❷ 42まいの色紙を,2人で同じ数ずつ分けます。 (1)1人分は何まいになるか,式を書きましょう。 (2)計算のしかたを「10のまとまり」「ばら」ということばをつかって書きましょう。3人にせつ明し,なっとくしてもらえたらサインをもらいましょう。 ❸ わり算をしましょう。
6	ぜんいんが,わり算のれんしゅうもんだいをとくことができる。	❶ れんしゅうもんだいをとき,丸つけをしましょう。(教科書のもんだいをときましょう。) ❷ 力だめしもんだいをとき,丸つけをしましょう。

わり算 ❶

_____組_____番　氏名_____

👑GOAL
ぜんいんが、1人分の数をもとめるわり算の、式をせつ明することができる。

❶ 12このあめを、3人で同じ数ずつ分けます。1人分は何こになるでしょうか。
ブロックを動かして、1人分の数をしらべましょう。

　　　　　　　　　　　　　　　　　　　　［答え］_____

❷ ❶のことを式で「12 ÷ 3 = 4」とあらわすことができます。
この式の、「12」「3」「4」の数字や「÷」の記号はどんなことを意味しているか考えて、書きましょう。

❸ ❶の答えは、九九をつかって見つけることができます。そのりゆうを「1人分の数」「人数」「ぜんぶの数」ということばをつかって書きましょう。3人にせつ明し、なっとくしてもらえたらサインをもらいましょう。

✏️友だちのサイン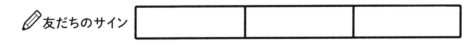

❹ 32dLの水を、8つの入れものに同じりょうずつ入れると、1つの入れものには何dL入りますか。

［式］_____　　［答え］_____

わり算 2

＿＿＿組＿＿＿番　氏名＿＿＿＿＿＿＿＿＿＿

👑 GOAL

ぜんいんが，何人に分けられるかをもとめるわり算の，答えのもとめ方をせつ明することができる。

❶ 18このいちごを，1人に6こずつ分けます。
何人に分けることができるでしょうか。
ブロックを動かして，何人に分けることができるかをしらべましょう。
また，わり算の式と答えを書きましょう。

［ 式 ］＿＿＿＿＿＿＿＿＿＿＿＿　　［ 答え ］＿＿＿＿＿＿＿＿＿＿＿＿

❷ ❶の答えは，6のだんの九九をつかって見つけることができます。そのりゆうを「1人分の数」「人数」「ぜんぶの数」ということばをつかって書きましょう。3人にせつ明し，なっとくしてもらえたらサインをもらいましょう。

✏️ 友だちのサイン ｜　　　｜　　　｜　　　｜

❸ 48cmのテープがあります。8cmずつ切ると，何本になりますか。

（1）何本に分けることができるか，式を書きましょう。

［ 式 ］＿＿＿＿＿＿＿＿＿＿＿

（2）何のだんの九九をつかって見つけることができますか。

（　　　　　）のだん

（3）何本に分けることができますか。　　（　　　　　）

わり算 ③

_____組_____番 氏名_____

👑 GOAL
ぜんいんが，1つのわり算の式から2しゅるいのもんだいを作ることができる。

1人分の数をもとめるときも，何人に分けられるかをもとめるときも，どちらもわり算の式になります。

❶ 12÷4の式になるもんだいを，2しゅるい作りましょう。

❷ 72÷9の式になるもんだいを，2しゅるい作りましょう。

❸ ❶❷で作った2しゅるいのもんだいと，それぞれ何をもとめるわり算になっているかを3人にせつ明し，なっとくしてもらえたらサインをもらいましょう。

✏️ 友だちのサイン

❹ わり算をしましょう。

(1) 45÷5＝〔　　　〕　(2) 21÷3＝〔　　　〕　(3) 28÷7＝〔　　　〕

(4) 27÷9＝〔　　　〕　(5) 42÷6＝〔　　　〕　(6) 18÷2＝〔　　　〕

(7) 24÷8＝〔　　　〕　(8) 25÷5＝〔　　　〕　(9) 56÷7＝〔　　　〕

わり算 ④

_____組_____番　氏名_____

👑GOAL
ぜんいんが，答えが1や0になるわり算や，1でわるわり算の計算をせつ明することができる。

❶ 箱に入っているケーキを，3人で同じ数ずつ分けます。もんだいにあうように，式と答えを書きましょう。

(1) ケーキが6こ入っているとき，1人分は何こになるかもとめましょう。

 　［ 式 ］_____　　［ 答え ］_____

(2) ケーキが3こ入っているとき，1人分は何こになるかもとめましょう。

 　［ 式 ］_____　　［ 答え ］_____

(3) ケーキが1こも入っていないとき，1人分は何こになるかもとめましょう。

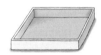 　［ 式 ］_____　　［ 答え ］_____

❷ わり算には，つぎのようなきまりがあります。
(1) わられる数とわる数が同じとき，答えはいつも1である。
(2) わられる数が0のときは，わる数がどんな数でも答えは0である。

これらのきまりがなり立っていることを，3人にせつ明し，なっとくしてもらえたらサインをもらいましょう。

✏️友だちのサイン　| | | |
|---|---|---|
| | | |

❸ わり算をしましょう。

(1) 0 ÷ 6 = ［　　］　　(2) 0 ÷ 9 = ［　　］　　(3) 4 ÷ 1 = ［　　］

(4) 6 ÷ 1 = ［　　］　　(5) 8 ÷ 8 = ［　　］　　(6) 0 ÷ 5 = ［　　］

(7) 9 ÷ 9 = ［　　］　　(8) 3 ÷ 1 = ［　　］　　(9) 4 ÷ 4 = ［　　］

わり算 5

_____組 _____番 氏名_____

👑GOAL
ぜんいんが，(2 けた) ÷ (1 けた) の計算のしかたをせつ明することができる。

❶ 40 まいの色紙を，2 人で同じ数ずつ分けます。
 (1) 1 人分は何まいになるか，式を書きましょう。

 [式] _____

 (2) 計算のしかたを「10 のまとまり」ということばをつかって書きましょう。

❷ 42 まいの色紙を，2 人で同じ数ずつ分けます。
 (1) 1 人分は何まいになるか，式を書きましょう。

 [式] _____

 (2) 計算のしかたを「10 のまとまり」「ばら」ということばをつかって書きましょう。3 人にせつ明し，なっとくしてもらえたらサインをもらいましょう。

✏️友だちのサイン

❸ わり算をしましょう。

 (1) $60 \div 3 =$ 〔   〕 (2) $80 \div 2 =$ 〔   〕 (3) $90 \div 3 =$ 〔   〕

 (4) $80 \div 8 =$ 〔   〕 (5) $69 \div 3 =$ 〔   〕 (6) $48 \div 4 =$ 〔   〕

 (7) $86 \div 2 =$ 〔   〕 (8) $55 \div 5 =$ 〔   〕

課題5 たし算とひき算

めあて（GOAL）	課題
1 ぜんいんが，3けたのくり上がりのあるたし算の筆算のしかたをせつ明することができる。	❶ 238円のパイと，427円のケーキを買います。代金はいくらですか。 (1) 式を書きましょう。 (2) 筆算で答えをもとめましょう。筆算での計算のしかたと，気をつけることを3人にせつ明し，なっとくしてもらえたらサインをもらいましょう。 ❷ たし算をしましょう。 ❸ 筆算で計算しましょう。
2 ぜんいんが，3けたのくり上がりが2回あるたし算の筆算のしかたをせつ明することができる。	❶ 173 + 265, 848 + 981 を筆算で計算しましょう。それぞれの筆算での計算のしかたと，気をつけることを3人にせつ明し，なっとくしてもらえたらサインをもらいましょう。 ❷ たし算をしましょう。 ❸ 筆算で計算しましょう。
3 ぜんいんが，3けたのくり下がりのあるひき算の筆算のしかたをせつ明することができる。	❶ 515円もっています。472円のケーキを買うと，何円のこりますか。 (1) 式を書きましょう。 (2) 筆算で答えをもとめましょう。筆算での計算のしかたと，気をつけることを3人にせつ明し，なっとくしてもらえたらサインをもらいましょう。 ❷ ひき算をしましょう。 ❸ 筆算で計算しましょう。
4 ぜんいんが，百の位からつづけてくり下がりのある，3けたの筆算のしかたをせつ明することができる。	❶ 503 − 287 を筆算で計算しましょう。筆算での計算のしかたと，気をつけることを3人にせつ明し，なっとくしてもらえたらサインをもらいましょう。 ❷ ひき算をしましょう。 ❸ 筆算で計算しましょう。

5	ぜんいんが，千の位からつづけてくり下がりのある，3けたの筆算のしかたをせつ明することができる。	❶ 238円のパイを買うのに，レジで1000円さつを出しました。おつりはいくらですか。 (1) 式を書きましょう。 (2) 筆算で答えをもとめましょう。筆算での計算のしかたと，気をつけることを3人にせつ明し，なっとくしてもらえたらサインをもらいましょう。 ❷ ひき算をしましょう。 ❸ 筆算で計算しましょう。
6	ぜんいんが，4けたのたし算・ひき算の筆算のしかたをせつ明することができる。	❶ 5189 + 1431，3544 − 1987 を筆算で計算しましょう。それぞれの筆算での計算のしかたと，気をつけることを3人にせつ明し，なっとくしてもらえたらサインをもらいましょう。 ❷ 計算をしましょう。 ❸ 筆算で計算しましょう。
7	ぜんいんが，暗算のしかたをせつ明することができる。	❶ 43 + 19，76 − 23 の暗算のしかたを考えましょう。それぞれの暗算のしかたのせつ明を式やことばをつかって書きましょう。3人にせつ明し，なっとくしてもらえたらサインをもらいましょう。 ❷ 計算をしましょう。
8	ぜんいんが，たし算とひき算のれんしゅうもんだいをとくことができる。	❶ れんしゅうもんだいをとき，丸つけをしましょう。 （教科書のもんだいをときましょう。）

たし算とひき算 ①

___組 ___番 氏名_____

👑GOAL
ぜんいんが，3けたのくり上がりのあるたし算の筆算のしかたをせつ明することができる。

❶ 238円のパイと，427円のケーキを買います。代金はいくらですか。
(1) 式を書きましょう。

［式］_____

(2) 筆算で答えをもとめましょう。筆算での計算のしかたと，気をつけることを3人にせつ明し，なっとくしてもらえたらサインをもらいましょう。

```
    2 3 8
 +  4 2 7
 ─────────
```
［気をつけること］

［答え］_____

✎ 友だちのサイン ｜　　｜　　｜　　｜

❷ たし算をしましょう。

(1)　　1 2 6　　　(2)　　5 0 9　　　(3)　　　6 5
　+　　4 3 2　　　　+　　　7 0　　　　+　3 2 1

(4)　　3 2 6　　　(5)　　6 0 8　　　(6)　　4 5 0
　+　　6 4 8　　　　+　2 8 3　　　　+　3 7 8

❸ 筆算で計算しましょう。

(1) 345 + 572　　　(2) 764 + 53　　　(3) 35 + 809

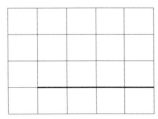
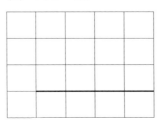
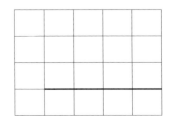

たし算とひき算 2

___組___番 氏名_____

👑GOAL
ぜんいんが，3けたのくり上がりが2回あるたし算の筆算のしかたをせつ明することができる。

❶ 173＋265，848＋981 を筆算で計算しましょう。
それぞれの筆算での計算のしかたと，気をつけることを3人にせつ明し，なっとくしてもらえたらサインをもらいましょう。

```
    1 7 3            8 4 8         [ 気をつけること ]
  ＋ 2 6 5          ＋ 9 8 1
  ───────          ───────
```

✎友だちのサイン ｜___｜___｜___｜

❷ たし算をしましょう。

```
(1)   3 9 6      (2)     4 7      (3)   6 7 4
    ＋ 4 0 8          ＋ 2 5 3          ＋   5 9
    ───────          ───────          ───────

(4)   3 0 5      (5)     6 8      (6)   4 5 7
    ＋ 5 9 7          ＋ 1 3 3          ＋ 9 7 2
    ───────          ───────          ───────
```

❸ 筆算で計算しましょう。

(1) 325＋589   (2) 784＋553   (3) 945＋71

たし算とひき算 ❸

_____組 _____番 氏名_____

👑GOAL
ぜんいんが，3けたのくり下がりのあるひき算の筆算のしかたをせつ明することができる。

❶ 515円もっています。472円のケーキを買うと，何円のこりますか。
（1）式を書きましょう。

[式]_____

（2）筆算で答えをもとめましょう。筆算での計算のしかたと，気をつけることを3人にせつ明し，なっとくしてもらえたらサインをもらいましょう。

```
   5 1 5
 - 4 7 2
```
[気をつけること]

[答え]_____

✏️友だちのサイン ☐☐☐

❷ ひき算をしましょう。

（1）　3 6 8　　　（2）　5 6 9　　　（3）　6 5 2
　　－ 2 3 2　　　　　－ 4 5 3　　　　　－ 1 2 4

（4）　8 2 6　　　（5）　7 5 8　　　（6）　4 5 3
　　－ 3 4 1　　　　　－　 8 8　　　　　－ 2 7 8

❸ 筆算で計算しましょう。
（1） 406 − 8　　　　（2） 704 − 53　　　　（3） 350 − 89

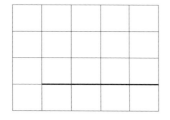
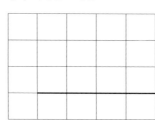

たし算とひき算 4

____組 ____番 氏名_____

👑GOAL

ぜんいんが，百の位からつづけてくり下がりのある，3けたの筆算のしかたをせつ明することができる。

❶ 503 − 287 を筆算で計算しましょう。

筆算での計算のしかたと，気をつけることを3人にせつ明し，なっとくしてもらえたらサインをもらいましょう。

```
    5 0 3      [ 気をつけること ]
  − 2 8 7
```

✏️友だちのサイン ☐ ☐ ☐

❷ ひき算をしましょう。

```
(1)   6 0 6      (2)   4 0 0      (3)   6 0 4
    − 4 3 8          −   5 3          −     9
```

```
(4)   3 0 5      (5)   6 0 8      (6)   5 0 0
    −   9 7          − 2 3 9          − 3 7 2
```

❸ 筆算で計算しましょう。

(1) 305 − 187　　(2) 704 − 55　　(3) 905 − 8

たし算とひき算 5

____組____番 氏名_____

👑GOAL

ぜんいんが，千の位からつづけてくり下がりのある，3けたの筆算のしかたをせつ明することができる。

❶ 238円のパイを買うのに，レジで1000円さつを出しました。おつりはいくらですか。

(1) 式を書きましょう。

[式]_____

(2) 筆算で答えをもとめましょう。筆算での計算のしかたと，気をつけることを3人にせつ明し，なっとくしてもらえたらサインをもらいましょう。

```
  1 0 0 0
-   2 3 8
---------
```
[気をつけること]

[答え]_____

✏️友だちのサイン | | |

❷ ひき算をしましょう。

(1)
```
  1 0 0 0
-   7 3 8
```

(2)
```
  1 0 0 0
-   5 3 6
```

(3)
```
  1 0 0 0
-     9 7
```

(4)
```
  1 0 0 2
-   3 9 5
```

(5)
```
  1 0 0 8
-     3 9
```

(6)
```
  1 0 0 3
-       7
```

❸ 筆算で計算しましょう。

(1) 1000 − 458

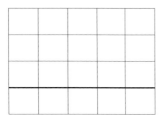

(2) 100 − 78

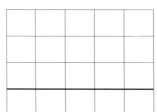

(3) 1007 − 9

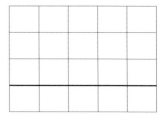

たし算とひき算 ❻

___組___番　氏名_____

👑GOAL
ぜんいんが，4けたのたし算・ひき算の筆算のしかたをせつ明することができる。

❶ 5189 ＋ 1431，3544 － 1987 を筆算で計算しましょう。
それぞれの筆算での計算のしかたと，気をつけることを 3 人にせつ明し，なっとくしてもらえたらサインをもらいましょう。

```
    5 1 8 9          3 5 4 4        [ 気をつけること ]
  + 1 4 3 1        - 1 9 8 7
```

✏️友だちのサイン ☐☐☐

❷ 計算をしましょう。

```
(1)   4 3 6 7     (2)   1 9 6 2     (3)   7 3 2 7
    + 3 9 3 4         +   7 5 5         +     7 4


(4)   5 8 3 2     (5)   8 0 3 8     (6)   1 4 7 3
    - 2 7 5 6         - 6 5 3 9         -   6 7 5
```

❸ 筆算で計算しましょう。

(1) 347 ＋ 2853

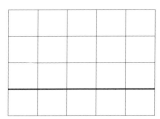

(2) 5570 － 688

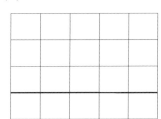

たし算とひき算 7

___組 ___番 氏名_____

GOAL
ぜんいんが，暗算のしかたをせつ明することができる。

❶ 43＋19，76－23 の暗算のしかたを考えましょう。それぞれの暗算のしかたのせつ明を式やことばをつかって書きましょう。3人にせつ明し，なっとくしてもらえたらサインをもらいましょう。

［ 43＋19 ］

［ 76－23 ］

✎ 友だちのサイン

❷ 計算をしましょう。

(1) 24＋55＝［　　　］　　(2) 17＋63＝［　　　］

(3) 32＋49＝［　　　］　　(4) 57＋15＝［　　　］

(5) 53＋29＝［　　　］　　(6) 48－36＝［　　　］

(7) 54－28＝［　　　］　　(8) 82－35＝［　　　］

(9) 56－48＝［　　　］　　(10) 96－57＝［　　　］

課題6 あまりのあるわり算

	めあて（GOAL）	課題
1	ぜんいんが，あまりのあるわり算の計算のしかたをせつ明することができる。	❶ 19このあめを，1人に4こずつ分けます。 (1) 何人に分けることができ，何こあまるでしょうか。式を書きましょう。 (2) 答えを見つけるためには，4のだんの九九をつかいます。どのように答えを見つけるか，書きましょう。3人にせつ明し，なっとくしてもらえたらサインをもらいましょう。 (3) 答えを書きましょう。 ❷ 42÷5を計算しましょう。 (1) 答えの見つけ方を書きましょう。 (2) 答えはいくつになりますか。 ❸ わり算で，あまりがあるときは「わりきれない」といい，あまりがないときには「わりきれる」といいます。わりきれる計算に○，わりきれない計算に△をつけましょう。
2	ぜんいんが，わり算のわる数とあまりのかんけいや，答えのたしかめ方をせつ明することができる。	❶ 17このクッキーを4こずつふくろに入れます。このとき，何ふくろできて，何こあまるかもとめましょう。 ❷ 「わり算のあまりはいつも，わる数より小さくなる」というきまりがあります。それはなぜか，りゆうを書きましょう。3人にせつ明し，なっとくしてもらえたらサインをもらいましょう。 ❸ 26まいのおりがみを1人に6まいずつ分けました。このとき，わり算の式の答えは，26÷6＝4あまり2となります。このわり算の式の答えは，「6×4＋2＝26」でたしかめることができます。そのりゆうを書きましょう。3人にせつ明し，なっとくしてもらえたらサインをもらいましょう。 ❹ わり算を計算しましょう。また，（ ）の中には，答えのたしかめを書きましょう。

3	ぜんいんが，わり算のもんだいをとき，答えのりゆうをせつ明することができる。	❶ あめが 22 こあります。1 ふくろに 5 こずつあめを入れます。ぜんぶのあめを入れるには，ふくろは何ふくろあればよいでしょうか。式と答えを書きましょう。 ❷ ❶の答えになったりゆうを書きましょう。 ❸ おまんじゅうが 20 こあります。このおまんじゅうを 6 こずつ箱に入れます。6 こずつおまんじゅうが入った箱はいくつできるでしょうか。式と答えを書きましょう。 ❹ ❸の答えになったりゆうを書きましょう。 ❺ ❷，❹に書いたことを 3 人にせつ明し，なっとくしてもらえたらサインをもらいましょう。 ❻ 60 ページの本を，1 日 8 ページずつ読みます。読みおわるまでに何日かかりますか。 ❼ 1 つのかざりを作るために，4 m のリボンがひつようです。26 メートルのリボンからは，かざりはいくつできますか。
4	ぜんいんがわり算のもんだいをとき，答えのりゆうをせつ明することができる。	❶ れんしゅうもんだいをとき，丸つけをしましょう。 （教科書のもんだいをときましょう。）

あまりのあるわり算 ①

_____組_____番　氏名_____

👑GOAL
ぜんいんが，あまりのあるわり算の計算のしかたをせつ明することができる。

❶ 19このあめを，1人に4こずつ分けます。

（1）何人に分けることができ，何こあまるでしょうか。式を書きましょう。

［ 式 ］_____

（2）答えを見つけるためには，4のだんの九九をつかいます。どのように答えを見つけるか，書きましょう。3人にせつ明し，なっとくしてもらえたらサインをもらいましょう。

✏友だちのサイン　|　　　|　　　|　　　|

（3）答えを書きましょう。（　　　　　　　　　　　　　）

❷ 42 ÷ 5 を計算しましょう。

（1）答えの見つけ方を書きましょう。

（2）答えはいくつになりますか。　（　　　　　　　　　　　　　）

❸ わり算で，あまりがあるときは「わりきれない」といい，
あまりがないときは「わりきれる」といいます。
わりきれる計算に○，わりきれない計算に△をつけましょう。

　　（1）22 ÷ 4（　　）　（2）64 ÷ 8（　　）　（3）25 ÷ 6（　　）
　　（4）21 ÷ 7（　　）　（5）23 ÷ 3（　　）　（6）63 ÷ 9（　　）

あまりのあるわり算 2

＿＿＿組＿＿＿番 氏名＿＿＿＿＿＿＿＿

👑GOAL

ぜんいんが，わり算のわる数とあまりのかんけいや，答えのたしかめ方をせつ明することができる。

❶ 17このクッキーを4こずつふくろに入れます。このとき，何ふくろできて，何こあまるかもとめましょう。

［ 式 ］＿＿＿＿＿＿＿＿＿＿＿＿＿　　　［ 答え ］＿＿＿＿＿＿＿＿＿＿

❷「わり算のあまりはいつも，わる数より小さくなる」というきまりがあります。
それはなぜか，りゆうを書きましょう。3人にせつ明し，なっとくしてもらえたらサインをもらいましょう。

✏️友だちのサイン ｜　　　｜　　　｜　　　｜

❸ 26まいのおりがみを1人に6まいずつ分けました。このとき，わり算の式の答えは，26 ÷ 6 = 4 あまり 2 となります。
このわり算の式の答えは，「6 × 4 + 2 = 26」でたしかめることができます。そのりゆうを書きましょう。3人にせつ明し，なっとくしてもらえたらサインをもらいましょう。

✏️友だちのサイン ｜　　　｜　　　｜　　　｜

❹ わり算を計算しましょう。また，（　）の中には，答えのたしかめを書きましょう。

(1) 25 ÷ 3 =　　　　　　　　　　　（　　　　　　　）
(2) 47 ÷ 7 =　　　　　　　　　　　（　　　　　　　）
(3) 29 ÷ 9 =　　　　　　　　　　　（　　　　　　　）
(4) 51 ÷ 6 =　　　　　　　　　　　（　　　　　　　）
(5) 54 ÷ 8 =　　　　　　　　　　　（　　　　　　　）

あまりのあるわり算 ③

_____組_____番　氏名_____

👑GOAL
ぜんいんが，わり算のもんだいをとき，答えのりゆうをせつ明することができる。

❶ あめが 22 こあります。1 ふくろに 5 こずつあめを入れます。ぜんぶのあめを入れるには，ふくろは何ふくろあればよいでしょうか。式と答えを書きましょう。

　［ 式 ］_____　［ 答え ］_____

❷ ❶の答えになったりゆうを書きましょう。

❸ おまんじゅうが 20 こあります。このおまんじゅうを 6 こずつ箱に入れます。
　 6 こずつおまんじゅうが入った箱はいくつできるでしょうか。式と答えを書きましょう。

　［ 式 ］_____　［ 答え ］_____

❹ ❸の答えになったりゆうを書きましょう。

❺ ❷，❹に書いたことを 3 人にせつ明し，なっとくしてもらえたらサインをもらいましょう。

　　✏友だちのサイン

❻ 60 ページの本を，1 日 8 ページずつ読みます。読みおわるまでに何日かかりますか。

　［ 式 ］_____　［ 答え ］_____

❼ 1 つのかざりを作るために，4 m のリボンがひつようです。26 メートルのリボンからは，かざりはいくつできますか。

　［ 式 ］_____　［ 答え ］_____

課題7 大きい数

	めあて（GOAL）	課題
1	ぜんいんが，10000より大きい数を正しく書いたり，読んだりすることができる。	❶ 42317について考えます。〔　　〕にあてはまる数を書きましょう。 ❷ つぎの数を数字で書きましょう。書いたものを3人に見せ，数を読みましょう。正しく書け，正しく読むことができていたらサインをもらいましょう。
2	ぜんいんが，千万の位までの数を正しく書いたり，読んだりすることができる。	❶ 67850432について考えます。つぎのもんだいに答えましょう。 ❷ つぎの数を数字で書きましょう。書いたものを3人に見せ，数を読みましょう。正しく書け，正しく読むことができていたらサインをもらいましょう。
3	ぜんいんが，大きい数について，1000を何こ集めたというあらわし方ができる。	❶ 1000を35こ集めた数は35000です。このりゆうを書きましょう。 ❷ 12000は，1000を12こ集めた数です。このりゆうを書きましょう。 ❸ ❶❷に書いたことを3人にせつ明し，なっとくしてもらえたらサインをもらいましょう。 ❹ つぎの数を書きましょう。
4	ぜんいんが，数直線上の数を読んだり，数直線上に数をあらわしたりすることができる。	❶ 数直線を読み，もんだいに答えましょう。 ❷ 一億とはどんな数か，せつ明を書きましょう。 ❸ 下の数直線の□にあてはまる数を書きましょう。なぜ，その数が入ると考えたのか，3人にせつ明し，なっとくしてもらえたらサインをもらいましょう。

5	ぜんいんが，大きい数の大小をくらべたり，いろいろな見方であらわしたりすることができる。	❶ 数の大小をくらべると，以下のようにあらわすことができます。なぜこのようにあらわすことができるのでしょうか。そのりゆうと，それぞれの記号の意味を書きましょう。 ❷ 160000 について，3つの見方で書きましょう。 ❸ ❶❷に書いたことを3人にせつ明し，なっとくしてもらえたらサインをもらいましょう。 ❹ □にあてはまる等号，不等号を書きましょう。 ❺ 280000について考えます。〔　　〕にあてはまる数を書きましょう。
6	ぜんいんが，10倍，100倍した数のあらわし方をせつ明することができる。	❶ 1こ30円のあめを10こ買うと，代金はいくらになりますか。 ❷ 「数を10倍すると，位が1つ上がって，もとの数の右に0を1こつけた数になる。また，100倍すると，位が2つ上がって，もとの数の右に0を2こつけた数になる」というきまりがあります。このきまりがなり立つことを，30の10倍，100倍した数をつかってせつ明します。それぞれのもとめ方を書きましょう。書いたことを3人にせつ明し，なっとくしてもらえたらサインをもらいましょう。 ❸ つぎの数を10倍，100倍した数を書きましょう。
7	ぜんいんが，10でわった数のあらわし方をせつ明することができる。	❶ 400まいのシールがあります。10人で同じ数ずつ分けると，1人分は何まいになりますか。 ❷ 「一の位が0の数を10でわると，位が1つ下がり，一の位の0をとった数になる」というきまりがあります。このきまりがなり立つことを，400を10でわった数をつかってせつ明します。400÷10のとき方を書きましょう。書いたことを3人にせつ明し，なっとくしてもらえたらサインをもらいましょう。 ❸ つぎの数を10でわった数を書きましょう。

大きい数 ①

_____組_____番　氏名_____

🏆 GOAL
ぜんいんが，10000 より大きい数を正しく書いたり，読んだりすることができる。

❶ 42317 について考えます。〔　　　〕にあてはまる数を書きましょう。

一万の位	千の位	百の位	十の位	一の位
4	2	3	1	7

(1) 42317 の，千の位の数字は〔　　　〕です。

(2) 42317 の，一万の位の数字は〔　　　〕です。

(3) 42317 は，一万を〔　　　〕こ，千を〔　　　〕こ，百を〔　　　〕こ，十を〔　　　〕こ，一を〔　　　〕こあわせた数です。

❷ つぎの数を数字で書きましょう。書いたものを3人に見せ，数を読みましょう。
正しく書け，正しく読むことができていたらサインをもらいましょう。

(1) 六万九千五百六十八　　　　　　　（　　　　　　）

(2) 七万八百二十五　　　　　　　　　（　　　　　　）

(3) 八万二千四百　　　　　　　　　　（　　　　　　）

(4) 五万三十　　　　　　　　　　　　（　　　　　　）

(5) 一万を6こ，千を7こ，百を2こあわせた数　（　　　　　　）

(6) 一万を4こ，千を9こ，百を8こ，一を1こあわせた数

　　　　　　　　　　　　　　　　　　（　　　　　　）

(7) 一万を7こ，十を7こあわせた数　　（　　　　　　）

✏️ 友だちのサイン　| 　　　| 　　　| 　　　|

大きい数 2

___組___番 氏名_____

🏆GOAL
ぜんいんが，千万の位までの数を正しく書いたり，読んだりすることができる。

❶ 67850432について考えます。つぎのもんだいに答えましょう。

千	百	十	一	千	百	十	一
			万				
6	7	8	5	0	4	3	2

(1) 8は何の位の数字ですか。　　　　　（　　　　　　　　　）

(2) 千万の位の数字は何ですか。　　　　（　　　　　　　　　）

(3) 読み方を漢字で書きましょう。
　　　　　　　　　　　　（　　　　　　　　　　　　　　　）

(4) 〔　　〕にあてはまる数を書きましょう。

67850432は，千万を〔　　　〕こ，百万を〔　　　〕こ，十万を〔　　　〕こ，一万を〔　　　〕こ，千を0こ，百を4こ，十を3こ，一を2こあわせた数です。

❷ つぎの数を数字で書きましょう。書いたものを3人に見せ，数を読みましょう。
正しく書け，正しく読むことができていたらサインをもらいましょう。

(1) 五十二万四千三百八十七　　　　　　（　　　　　　　　）

(2) 八千百九十万六千四百二　　　　　　（　　　　　　　　）

(3) 二千六十五万九十　　　　　　　　　（　　　　　　　　）

(4) 100万を9こ集めた数　　　　　　　（　　　　　　　　）

(5) 100万を6こ，10万を2こ，1000を8こあわせた数　（　　　　　　　　）

(6) 1000万を5こ，1万を3こ，100を7こあわせた数　（　　　　　　　　）

✏️友だちのサイン　|　　　|　　　|　　　|

大きい数 ❸

_____組_____番　氏名_____

👑GOAL
ぜんいんが，大きい数について，1000を何こ集めたというあらわし方ができる。

❶ 1000を35こ集めた数は35000です。このりゆうを書きましょう。

❷ 12000は，1000を12こ集めた数です。このりゆうを書きましょう。

❸ ❶❷に書いたことを3人にせつ明し，なっとくしてもらえたらサインをもらいましょう。

　　✏️友だちのサイン　| 　　　　　 | 　　　　　 | 　　　　　 |

❹ つぎの数を書きましょう。

　（1）　1000を42こ集めた数　　　　　　　（　　　　　　　）

　（2）　1000を68こ集めた数　　　　　　　（　　　　　　　）

　（3）　1000を973こ集めた数　　　　　　 （　　　　　　　）

　（4）　37000は，1000を何こ集めた数ですか。（　　　　　　　）

　（5）　82000は，1000を何こ集めた数ですか。（　　　　　　　）

　（6）　54000は，1000を何こ集めた数ですか。（　　　　　　　）

大きい数 4

___組___番 氏名_____

👑GOAL
ぜんいんが，数直線上の数を読んだり，数直線上に数をあらわしたりすることができる。

❶ 数直線を読み，もんだいに答えましょう。

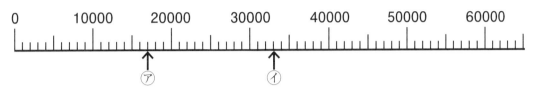

(1) いちばん小さい 1 めもりは，いくつですか。　（　　　　　　　　）

(2) ㋐，㋑のめもりがあらわす数を書きましょう。

　　㋐ （　　　　　　　　）　　㋑ （　　　　　　　　）

(3) 26000，54000 をあらわすめもりに ↑ を書きましょう。

❷ 一億とはどんな数か，せつ明を書きましょう。

❸ 下の数直線の □ にあてはまる数を書きましょう。なぜ，その数が入ると考えたのか，3 人にせつ明し，なっとくしてもらえたらサインをもらいましょう。

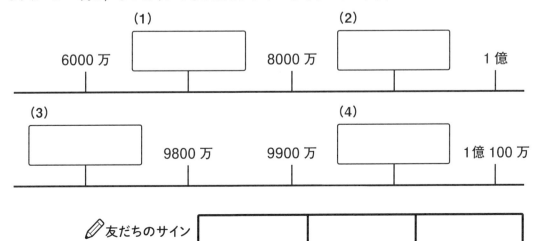

✏️友だちのサイン

53

大きい数 5

_____組_____番 氏名_____

👑GOAL
ぜんいんが,大きい数の大小をくらべたり,いろいろな見方であらわしたりすることができる。

❶ 数の大小をくらべると,以下のようにあらわすことができます。なぜこのようにあらわすことができるのでしょうか。そのりゆうと,それぞれの記号の意味を書きましょう。

(1) 7000 > 6000 ［りゆう］

(2) 5000 = 3000 + 2000 ［りゆう］

(3) 140000 - 80000 < 70000 ［りゆう］

❷ 160000 について,3つの見方で書きましょう。

［れい］100000 と 60000 をあわせた数。

① _____
② _____
③ _____

❸ ❶❷に書いたことを3人にせつ明し,なっとくしてもらえたらサインをもらいましょう。

✏️友だちのサイン ☐ ☐ ☐

❹ ☐にあてはまる等号,不等号を書きましょう。

(1) 30000 ☐ 20000   (2) 40000 + 50000 ☐ 90000

(3) 900万 - 400万 ☐ 600万

❺ 280000 について考えます。〔 〕にあてはまる数を書きましょう。

(1) 200000 と〔　　　　　〕をあわせた数

(2) 250000 より〔　　　　　〕大きい数

(3) 300000 より〔　　　　　〕小さい数

(4) 10000 を〔　　　　　〕こ集めた数

大きい数 ６

＿＿＿組＿＿＿番 氏名＿＿＿＿＿＿＿＿＿＿＿＿

GOAL
ぜんいんが，10 倍，100 倍した数のあらわし方をせつ明することができる。

❶ 1 こ 30 円のあめを 10 こ買うと，代金はいくらになりますか。

　　[式]＿＿＿＿＿＿＿＿＿＿＿＿＿　[答え]＿＿＿＿＿＿＿＿＿＿

❷ 「数を 10 倍すると，位が 1 つ上がって，もとの数の右に 0 を 1 こつけた数になる。また，100 倍すると，位が 2 つ上がって，もとの数の右に 0 を 2 こつけた数になる」というきまりがあります。このきまりがなり立つことを，30 の 10 倍，100 倍した数をつかってせつ明します。それぞれのもとめ方を書きましょう。書いたことを 3 人にせつ明し，なっとくしてもらえたらサインをもらいましょう。

　　[30 × 10]　　　　　　　　　　[30 × 100]

　　✏︎友だちのサイン ｜　　　｜　　　｜　　　｜

❸ つぎの数を 10 倍，100 倍した数を書きましょう。

　　(1) 70　　　10 倍（　　　　　）　　100 倍（　　　　　）

　　(2) 34　　　10 倍（　　　　　）　　100 倍（　　　　　）

　　(3) 430　　 10 倍（　　　　　）　　100 倍（　　　　　）

　　(4) 896　　 10 倍（　　　　　）　　100 倍（　　　　　）

　　(5) 502　　 10 倍（　　　　　）　　100 倍（　　　　　）

大きい数 7

___組___番 氏名_____

👑GOAL
ぜんいんが，10 でわった数のあらわし方をせつ明することができる。

❶ 400 まいのシールがあります。10 人で同じ数ずつ分けると，1 人分は何まいになりますか。

[式]_____ [答え]_____

❷ 「一の位が 0 の数を 10 でわると，位が 1 つ下がり，一の位の 0 をとった数になる」というきまりがあります。このきまりがなり立つことを，400 を 10 でわった数をつかってせつ明します。400÷10 のとき方を書きましょう。書いたことを 3 人にせつ明し，なっとくしてもらえたらサインをもらいましょう。

[400÷10]

✏️友だちのサイン | | | |
|---|---|---|

❸ つぎの数を 10 でわった数を書きましょう。

(1) 70　(　　　)　　(2) 300　(　　　)

(3) 480　(　　　)　　(4) 240　(　　　)

(5) 20　(　　　)　　(6) 600　(　　　)

(7) 730　(　　　)　　(8) 170　(　　　)

(9) 860　(　　　)　　(10) 590　(　　　)

課題8 かけ算の筆算

	めあて（GOAL）	課題
1	ぜんいんが,(何十)×(1けた),(何百)×(1けた)のかけ算の計算のしかたをせつ明することができる。	❶ 1こ30円のあめを4こ買うと，代金は120円でした。30×4＝120になります。この計算のしかたを「10のまとまり」ということばをつかって書きましょう。 ❷ 1こ800円のぬいぐるみを3こ買うと，代金は2400円でした。800×3＝2400になります。この計算のしかたを「100のまとまり」ということばをつかって書きましょう。 ❸ ❶❷に書いたことを3人にせつ明し，なっとくしてもらえたらサインをもらいましょう。 ❹ かけ算をしましょう。
2	ぜんいんが,（2けた)×(1けた）のかけ算の,筆算のしかたをせつ明することができる。	❶ (1) 24×2　(2) 27×3 の筆算のしかたを考えましょう。それぞれ，なぜそのような筆算のしかたになるか，くり上がりの数をわすれないようにどのようにくふうするか，3人にせつ明し，なっとくしてもらえたらサインをもらいましょう。 ❷ かけ算をしましょう。
3	ぜんいんが,(2けた)×(1けた）で，くり上がりのあるかけ算の，筆算のしかたをせつ明することができる①。	❶ (1) 63×2　(2) 38×7 の筆算のしかたを考えましょう。それぞれ，なぜそのような筆算のしかたになるか，くり上がりの数をわすれないようにどのようにくふうするか，3人にせつ明し，なっとくしてもらえたらサインをもらいましょう。 ❷ かけ算をしましょう。
4	ぜんいんが,(2けた)×(1けた）で，くり上がりのあるかけ算の，筆算のしかたをせつ明することができる②。	❶ (1) 19×6　(2) 69×8 の筆算のしかたを考えましょう。それぞれ，なぜそのような筆算のしかたになるか，くり上がりの数をわすれないようにどのようにくふうするか，3人にせつ明し，なっとくしてもらえたらサインをもらいましょう。 ❷ かけ算をしましょう。
5	ぜんいんが,（3けた)×(1けた）のかけ算の,筆算のしかたをせつ明することができる。	❶ (1) 231×3　(2) 197×4 の筆算のしかたを考えましょう。それぞれ，なぜそのような筆算のしかたになるか，くり上がりの数をわすれないようにどのようにくふうするか，3人にせつ明し，なっとくしてもらえたらサインをもらいましょう。 ❷ かけ算をしましょう。

6	ぜんいんが，(3けた)×(1けた)で，くり上がりのあるかけ算の，筆算のしかたをせつ明することができる。	❶ (1) 754×6 (2) 629×4 の筆算のしかたを考えましょう。それぞれ，なぜそのような筆算のしかたになるか，くり上がりの数をわすれないようにどのようにくふうするか，3人にせつ明し，なっとくしてもらえたらサインをもらいましょう。 ❷ かけ算をしましょう。
7	ぜんいんが，かけ算のきまりをつかって，くふうして計算をすることができる。	❶ 1こ65円のプリンが，3こずつパックになっています。2パック買いました。代金をもとめる式は，65×3×2です。「3つのかけ算では，はじめの2つの数を先に計算しても，あとの2つの数を先に計算しても，答えは同じになる」というきまりがあります。このきまりがなり立っていることのせつ明を，プリンの代金を2通りの方ほうでもとめて書きましょう。3人にせつ明し，なっとくしてもらえたらサインをもらいましょう。 ❷ 〔　　　〕にあてはまる数を書きましょう。 ❸ くふうして計算しましょう。
8	ぜんいんが，倍の大きさをもとめる計算のしかたをせつ明することができる。	❶ 赤いテープの長さは120cmです。青いテープの長さは，赤いテープの長さの3倍です。青いテープの長さをもとめる式は，120×3 になります。倍の大きさをもとめるときには，かけ算をつかいます。なぜかけ算をつかうか，せつ明を書きましょう。3人にせつ明し，なっとくしてもらえたらサインをもらいましょう。 ❷ つぎの文を読んで，もんだいに答えましょう。
9	ぜんいんが，何倍かをもとめる計算のしかたをせつ明することができる。	❶ あつしさんはロープを27m，妹は9mもっています。あつしさんのロープは妹の何倍かをもとめる式は，27÷9になります。何倍かをもとめるときには，わり算をつかいます。なぜわり算をつかうか，せつ明を書きましょう。3人にせつ明し，なっとくしてもらえたらサインをもらいましょう。 ❷ つぎの文を読んで，もんだいに答えましょう。
10	ぜんいんが，かけ算のひっ算のれんしゅうもんだいをとくことができる。	❶ れんしゅうもんだいをとき，丸つけをしましょう。 （教科書のもんだいをときましょう。）

かけ算の筆算 1

_____組_____番 氏名_____

👑GOAL
ぜんいんが，(何十)×(1けた)，(何百)×(1けた) のかけ算の計算のしかたをせつ明することができる。

❶ 1こ30円のあめを4こ買うと，代金は120円でした。
30×4＝120 になります。この計算のしかたを「10のまとまり」ということばをつかって書きましょう。

[計算のしかた]

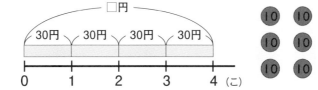

❷ 1こ800円のぬいぐるみを3こ買うと，代金は2400円でした。
800×3＝2400 になります。この計算のしかたを「100のまとまり」ということばをつかって書きましょう。

[計算のしかた]

❸ ❶❷に書いたことを3人にせつ明し，なっとくしてもらえたらサインをもらいましょう。

 友だちのサイン

❹ かけ算をしましょう。

(1) 30×2＝(　　　　　)　　　(2) 70×8＝(　　　　　)

(3) 80×5＝(　　　　　)　　　(4) 200×3＝(　　　　　)

(5) 900×7＝(　　　　　)　　　(6) 600×5＝(　　　　　)

かけ算の筆算 ❷

_____組_____番 氏名_____

👑GOAL

ぜんいんが,(2けた)×(1けた)のかけ算の,筆算のしかたをせつ明することができる。

❶ (1) 24×2 (2) 27×3 の筆算のしかたを考えましょう。

それぞれ, なぜそのような筆算のしかたになるか, くり上がりの数をわすれないようにどのようにくふうするか, 3人にせつ明し, なっとくしてもらえたらサインをもらいましょう。

[筆算のしかた]

```
    2 4              2 7
  ×   2           ×   3
  ─────            ─────
```

✏️友だちのサイン | | | |

❷ かけ算をしましょう。

(1)　　3 3　　　(2)　　2 1　　　(3)　　1 4
　　×　　3　　　　　×　　4　　　　　×　　2
　　─────　　　　　─────　　　　　─────

(4)　　2 0　　　(5)　　1 3　　　(6)　　4 6
　　×　　3　　　　　×　　4　　　　　×　　2
　　─────　　　　　─────　　　　　─────

(7)　　3 8　　　(8)　　1 8
　　×　　2　　　　　×　　5
　　─────　　　　　─────

かけ算の筆算 ❸

___組___番 氏名_____

👑GOAL

ぜんいんが，(2けた)×(1けた)で，くり上がりのあるかけ算の，筆算のしかたをせつ明することができる①。

❶ (1) 63×2 (2) 38×7 の筆算のしかたを考えましょう。

それぞれ，なぜそのような筆算のしかたになるか，くり上がりの数をわすれないようにどのようにくふうするか，3人にせつ明し，なっとくしてもらえたらサインをもらいましょう。

[筆算のしかた]

```
    6 3            3 8
  ×   2          ×   7
  ─────          ─────
```

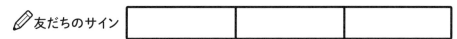✏️友だちのサイン

❷ かけ算をしましょう。

(1)　　8 2　　　(2)　　7 1　　　(3)　　5 0
　　×　　4　　　　　×　　7　　　　　×　　6
　　─────　　　　　─────　　　　　─────

(4)　　4 6　　　(5)　　8 9　　　(6)　　3 6
　　×　　3　　　　　×　　4　　　　　×　　8
　　─────　　　　　─────　　　　　─────

(7)　　7 4　　　(8)　　4 5
　　×　　9　　　　　×　　6
　　─────　　　　　─────

かけ算の筆算 ❹

____組____番 氏名_____

👑GOAL

ぜんいんが，(2けた)×(1けた)で，くり上がりのあるかけ算の，筆算のしかたをせつ明することができる②。

❶ (1) 19×6 (2) 69×8 の筆算のしかたを考えましょう。

それぞれ，なぜそのような筆算のしかたになるか，くり上がりの数をわすれないようにどのようにくふうするか，3人にせつ明し，なっとくしてもらえたらサインをもらいましょう。

[筆算のしかた]

```
    1 9              6 9
×     6          ×     8
───────          ───────
```

✏️友だちのサイン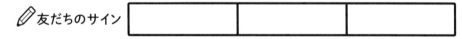

❷ かけ算をしましょう。

```
(1)   3 8        (2)   2 9        (3)   1 7
    ×   3            ×   4            ×   6
    ─────            ─────            ─────

(4)   2 6        (5)   8 7        (6)   4 9
    ×   4            ×   6            ×   7
    ─────            ─────            ─────

(7)   3 4        (8)   7 2
    ×   9            ×   7
    ─────            ─────
```

かけ算の筆算 5

___組___番 氏名_____

👑GOAL

ぜんいんが,(3けた)×(1けた)のかけ算の,筆算のしかたをせつ明することができる。

❶ (1) 231×3 (2) 197×4 の筆算のしかたを考えましょう。
それぞれ,なぜそのような筆算のしかたになるか,くり上がりの数をわすれないようにどのようにくふうするか,3人にせつ明し,なっとくしてもらえたらサインをもらいましょう。

[筆算のしかた]

```
    2 3 1              1 9 7
  ×     3            ×     4
  ───────            ───────
```

✏️友だちのサイン　|　　　|　　　|　　　|

❷ かけ算をしましょう。

(1)　　4 2 3　　　(2)　　3 1 9　　　(3)　　2 1 5
　×　　　　2　　　　×　　　　3　　　　×　　　　4
　────────　　　　────────　　　　────────

(4)　　2 7 2　　　(5)　　1 6 2　　　(6)　　1 5 9
　×　　　　3　　　　×　　　　4　　　　×　　　　6
　────────　　　　────────　　　　────────

(7)　　2 8 4　　　(8)　　1 6 8
　×　　　　3　　　　×　　　　5
　────────　　　　────────

かけ算の筆算 ❻

___組 ___番 氏名_____

👑GOAL

ぜんいんが，(3けた)×(1けた)で，くり上がりのあるかけ算の，筆算のしかたをせつ明することができる。

❶ (1) 754×6 (2) 629×4 の筆算のしかたを考えましょう。

それぞれ，なぜそのような筆算のしかたになるか，くり上がりの数をわすれないようにどのようにくふうするか,3人にせつ明し，なっとくしてもらえたらサインをもらいましょう。

[筆算のしかた]

```
    7 5 4              6 2 9
  ×     6            ×     4
  ───────            ───────
```

✏️友だちのサイン ☐ ☐ ☐

❷ かけ算をしましょう。

(1)　　9 2 3　　　(2)　　4 0 5　　　(3)　　9 6 0
　×　　　　3　　　　×　　　　8　　　　×　　　　4
　─────────　　　　─────────　　　　─────────

(4)　　6 5 3　　　(5)　　1 5 9　　　(6)　　8 3 6
　×　　　　9　　　　×　　　　7　　　　×　　　　3
　─────────　　　　─────────　　　　─────────

(7)　　3 8 4　　　(8)　　2 7 5
　×　　　　6　　　　×　　　　4
　─────────　　　　─────────

かけ算の筆算 7

___組___番 氏名_____

👑GOAL
ぜんいんが,かけ算のきまりをつかって,くふうして計算をすることができる。

❶ 1こ65円のプリンが,3こずつパックになっています。
2パック買いました。
代金をもとめる式は,65×3×2です。

「3つのかけ算では,はじめの2つの数を先に計算しても,あとの2つの数を先に計算しても,答えは同じになる」というきまりがあります。このきまりがなり立っていることのせつ明を,プリンの代金を2通りの方ほうでもとめて書きましょう。3人にせつ明し,なっとくしてもらえたらサインをもらいましょう。

✏️友だちのサイン | | |

❷ 〔　〕にあてはまる数を書きましょう。

(1) $(80 \times 2) \times 4 = 80 \times (2 \times 〔\quad〕)$

(2) $(235 \times 3) \times 2 = 〔\quad〕 \times (3 \times 2)$

❸ くふうして計算しましょう。

(1) $70 \times 2 \times 2 =$

(2) $40 \times 3 \times 3 =$

(3) $364 \times 2 \times 5 =$

(4) $120 \times 3 \times 2 =$

かけ算の筆算 8

_____組 _____番 氏名_____

👑GOAL
ぜんいんが，倍の大きさをもとめる計算のしかたをせつ明することができる。

❶ 赤いテープの長さは120cmです。青いテープの長さは，赤いテープの長さの3倍です。

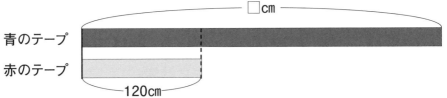

青いテープの長さをもとめる式は，120×3 になります。

倍の大きさをもとめるときには，かけ算をつかいます。なぜかけ算をつかうか，せつ明を書きましょう。3人にせつ明し，なっとくしてもらえたらサインをもらいましょう。

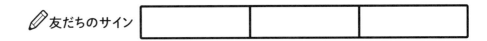

❷ つぎの文を読んで，もんだいに答えましょう。

(1) ただしさんは，きのう，本を18ページ読みました。今日はきのうの2倍読みました。今日は何ページ読みましたか。

[式]_____　　[答え]_____

(2) 1こ115円のおかしがあります。ケーキのねだんは，おかしのねだんの4倍です。ケーキのねだんはいくらですか。

[式]_____　　[答え]_____

かけ算の筆算 ❾

_____組_____番　氏名_____

👑GOAL
ぜんいんが，何倍かをもとめる計算のしかたをせつ明することができる。

❶ あつしさんはロープを 27 m，妹は 9 mもっています。

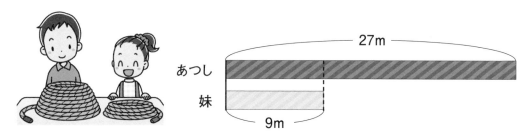

あつしさんのロープは妹の何倍かをもとめる式は，27 ÷ 9 になります。
何倍かをもとめるときには，わり算をつかいます。なぜわり算をつかうか，せつ明を書きましょう。3 人にせつ明し，なっとくしてもらえたらサインをもらいましょう。

✏️友だちのサイン

❷ つぎの文を読んで，もんだいに答えましょう。
（1）色紙を,姉は 35 まい,妹は 7 まい持っています。姉は,妹の何倍持っていますか。

［ 式 ］_____　［ 答え ］_____

（2）けんたさんは 8 さいで，おばあさんは 64 さいです。おばあさんの年れいは，けんたさんの年れいの何倍ですか。

［ 式 ］_____　［ 答え ］_____

課題9 小数

	めあて（GOAL）	課題
1	ぜんいんが，はしたの大きさを小数であらわすことができる。	❶ つぎの水のかさを，小数をつかってあらわし，読み方も書きましょう。また，なぜそうあらわせるのか，「はした」「めもり」ということばをつかって書きましょう。3人にせつ明し，なっとくしてもらえたらサインをもらいましょう。 ❷ つぎの水のかさを，小数をつかってあらわしましょう。また，0.1 Lが何こ分か書きましょう。 ❸ つぎの水のかさだけ色をぬりましょう。 ❹ つぎのかさは何Lになるか，書きましょう。
2	ぜんいんが，長さやかさを小数であらわすことができる。	❶ 小数とはどんな数ですか。また，整数とはどんな数ですか。それぞれせつ明を書きましょう。 ❷ つぎの数を，整数と小数に分けましょう。 ❸ つぎの図の左はしから，(1)，(2)，(3) までの長さを，cmをつかってあらわしましょう。また，なぜそうあらわすことができるか，1mmが何cmなのかを考えて書きましょう。3人にせつ明し，なっとくしてもらえたらサインをもらいましょう。 ❹ つぎの〔　　　〕にあてはまる数を書きましょう。
3	ぜんいんが，数直線上の小数を読んだり，あらわしたりすることができる。	❶ 数直線上の，(1)，(2) のめもりがあらわすかさは，それぞれ何Lか書きましょう。また，なぜそのかさであるといえるのか，いちばん小さいめもりが，どんな大きさをあらわしているか考えて書きましょう。3人にせつ明し，なっとくしてもらえたらサインをもらいましょう。 ❷ 上の数直線で，0.4 L，2.8 Lをあらわすめもりに↑をかきましょう。 ❸ 0と1，1と2の間をそれぞれ10等分してめもりをかき，数直線を作りましょう。 また，1.3をあらわすめもりに↑をかきましょう。 ❹〔　　　〕にあてはまる数を書きましょう。

4	ぜんいんが，小数のしくみや大小のくらべ方をせつ明することができる。	❶ 256.3 は 100，10，1，0.1 をそれぞれ何こあわせた数か書きましょう。 ❷ 256.3 の 2，5，6，3 はそれぞれ何の位の数字か書きましょう。 ❸ 〔　〕にあてはまる数を書きましょう。 ❹ 5.9 と 6.2 はどちらが大きいでしょうか。不等号をつかってあらわしましょう。また，大小のくらべ方を書き，3 人にせつ明し，なっとくしてもらえたらサインをもらいましょう。 ❺ 〔　〕にあてはまる不等号を書きましょう。
5	ぜんいんが，小数のたし算・ひき算をすることができる。	❶ 0.6 L + 0.2 L の計算をしましょう。式，答え，計算のしかたを書きましょう。 ❷ 0.6 L − 0.2 L の計算をしましょう。式，答え，計算のしかたを書きましょう。 ❸ ❶❷の計算のしかたを 3 人にせつ明し，なっとくしてもらえたらサインをもらいましょう。 ❹ つぎの計算をしましょう。
6	ぜんいんが，小数のたし算とひき算の筆算をすることができる①。	❶ 3.8 + 1.3 を筆算で計算しましょう。また，筆算での計算のしかたを書きましょう。 ❷ 3.4 − 1.8 を筆算で計算しましょう。また，筆算での計算のしかたを書きましょう。 ❸ ❶❷の筆算での計算のしかたを 3 人にせつ明し，なっとくしてもらえたらサインをもらいましょう。 ❹ つぎの計算を筆算でしましょう。
7	ぜんいんが，小数のたし算とひき算の筆算をすることができる②。	❶ 1.4 + 2.6 を筆算で計算しましょう。また，筆算での計算のしかたを書きましょう。 ❷ 9 − 3.7 を筆算で計算しましょう。また，筆算での計算のしかたを書きましょう。 ❸ ❶❷の筆算での計算のしかたを 3 人にせつ明し，なっとくしてもらえたらサインをもらいましょう。 ❹ つぎの計算を筆算でしましょう。

8	ぜんいんが，小数をいろいろな見方でせつ明することができる。	❶ 4.7とはどのような数ですか。〔　　〕にあてはまる数を書きましょう。 ❷ 8.6とはどのような数ですか。〔　　〕にあてはまる数を書きましょう。 ❸ 自分で小数を1つきめ，❶，❷のように4通り以上のあらわし方でせつ明しましょう。 3人にせつ明し，なっとくしてもらえたらサインをもらいましょう。
9	ぜんいんが，小数のれんしゅうもんだいをとくことができる。	❶ れんしゅうもんだいをとき，丸つけをしましょう。 ❷ 力だめしもんだいをとき，丸つけをしましょう。 （教科書のもんだいをときましょう。）

小数 ❶

_____組_____番　氏名_____

👑GOAL
ぜんいんが，はしたの大きさを小数であらわすことができる。

❶ つぎの水のかさを，小数をつかってあらわし，読み方も書きましょう。
また,なぜそうあらわせるのか,「はした」「めもり」ということばをつかって書きましょう。
3人にせつ明し，なっとくしてもらえたらサインをもらいましょう。

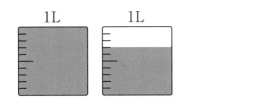

水のかさ　（　　　　　　　）L
読みかた　（　　　　　　　）

✏️友だちのサイン　|　　　|　　　|　　　|

❷ つぎの水のかさを,小数をつかってあらわしましょう。また,0.1 Lが何こ分か書きましょう。

水のかさ　（　　　　　　　）L
0.1 Lが（　　　　　　　）こ分

❸ つぎの水のかさだけ色をぬりましょう。

(1) 1.5 L　　　　　　　　　　　　　　(2) 0.6 L

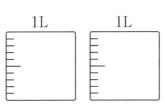　　　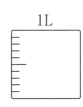

❹ つぎのかさは何Lになるか,書きましょう。

(1) 0.1 Lを2こ集めたかさ　　(2) 0.1 Lを10こ集めたかさ

　　（　　　　　　　）　　　　（　　　　　　　）

小数 2

_____組_____番　氏名_____

👑GOAL
ぜんいんが，長さやかさを小数であらわすことができる。

❶ 小数とはどんな数ですか。また，整数とはどんな数ですか。それぞれせつ明を書きましょう。

・小数（　　　　　　　　　　　　　　　　　　）
・整数（　　　　　　　　　　　　　　　　　　）

❷ つぎの数を，整数と小数に分けましょう。
0.5, 7, 23, 9.8

整数（　　　　　　　　　）　小数（　　　　　　　　　　　）

❸ つぎの図の左はしから，(1)，(2)，(3) までの長さを，cmをつかってあらわしましょう。また，なぜそうあらわすことができるか，1mmが何cmなのかを考えて書きましょう。
3人にせつ明し，なっとくしてもらえたらサインをもらいましょう。

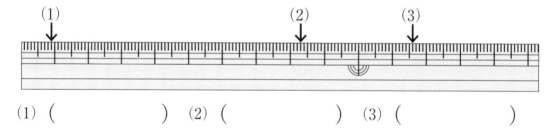

(1)（　　　　　　　）(2)（　　　　　　　）(3)（　　　　　　　）

［あらわし方のせつ明］

✏️友だちのサイン ｜　　　｜　　　｜　　　｜

❹ つぎの〔　　　〕にあてはまる数を書きましょう。

(1) 14cm 5mm＝〔　　　　〕cm　(2) 3.8cmは，0.1cmの〔　　　〕こ分
(3) 8dL＝〔　　　　　〕L

小数 ③

___組___番 氏名_____

👑 GOAL

ぜんいんが，数直線上の小数を読んだり，あらわしたりすることができる。

❶ 数直線上の，(1),(2) のめもりがあらわすかさは，それぞれ何Lか書きましょう。また，なぜそのかさであるといえるのか，いちばん小さいめもりが，どんな大きさをあらわしているか考えて書きましょう。3人にせつ明し，なっとくしてもらえたらサインをもらいましょう。

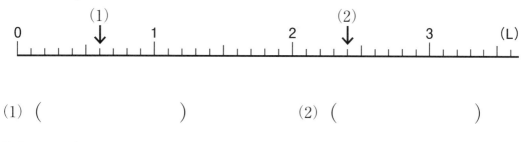

(1) (　　　　　　　　)　　　(2) (　　　　　　　　)

[あらわし方のせつ明]

✏️ 友だちのサイン　|　　　|　　　|　　　|

❷ 上の数直線で，0.4 L，2.8 L をあらわすめもりに↑をかきましょう。

❸ 0と1，1と2の間をそれぞれ10等分してめもりをかき，数直線を作りましょう。また，1.3 をあらわすめもりに↑をかきましょう。

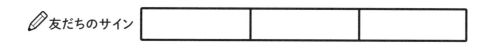

❹ 〔　　　〕にあてはまる数を書きましょう。

(1) 3.2 は 0.1 を〔　　　　　　〕こ集めた数です。

(2) 0.1 を 18 こ集めた数は〔　　　　　　〕です。

小数 4

___組___番 氏名_____

👑GOAL
ぜんいんが，小数のしくみや大小のくらべ方をせつ明することができる。

❶ 256.3 は 100, 10, 1, 0.1 をそれぞれ何こあわせた数か書きましょう。

100 が（　　　　）こ
10 が（　　　　）こ
1 が（　　　　）こ
0.1 が（　　　　）こ

❷ 256.3 の 2, 5, 6, 3 はそれぞれ何の位の数字か書きましょう。

2…（　　　　　　），5…（　　　　　　），6…（　　　　　　），
3…（　　　　　　）

❸ 〔　　〕にあてはまる数を書きましょう。

(1) 63.8 は，10 を〔　　　〕こ，1 を〔　　　〕こ，0.1 を〔　　　〕こ あわせた数です。

(2) 45.3 の小数第一位の数字は〔　　　〕です。

❹ 5.9 と 6.2 はどちらが大きいでしょうか。不等号をつかってあらわしましょう。
また，大小のくらべ方を書き，3 人にせつ明し，なっとくしてもらえたらサインをもらいましょう。

[くらべ方のせつ明]

5.9 □ 6.2

✎友だちのサイン

❺ 〔　　　〕にあてはまる不等号を書きましょう。

(1) 0.8〔　　〕0.7　(2) 0.9〔　　〕1　(3) 0.3〔　　〕0

小数 5

___組___番 氏名_____

♛GOAL
ぜんいんが，小数のたし算・ひき算をすることができる。

❶ 0.6 L + 0.2 L の計算をしましょう。式，答え，計算のしかたを書きましょう。

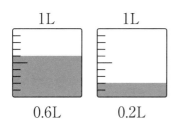

[式]_____

[答え]_____

[計算のしかたのせつ明]

❷ 0.6 L − 0.2 L の計算をしましょう。式，答え，計算のしかたを書きましょう。

[式]_____ [答え]_____

[計算のしかたのせつ明]

❸ ❶❷の計算のしかたを 3 人にせつ明し，なっとくしてもらえたらサインをもらいましょう。

✐友だちのサイン | | | |

❹ つぎの計算をしましょう。

(1) 0.2 + 0.4 = (2) 0.3 + 1.5 = (3) 0.7 + 0.3 =

(4) 2 + 0.6 = (5) 0.4 + 3 = (6) 0.8 + 0.6 =

(7) 0.7 − 0.4 = (8) 1.9 − 0.5 = (9) 1 − 0.2 =

(10) 1.8 − 1 = (11) 3.9 − 3 = (12) 1.4 − 0.7 =

小数 ⑥

___組___番 氏名_____

🏆GOAL
ぜんいんが，小数のたし算とひき算の筆算をすることができる①。

❶ 3.8 ＋ 1.3 を筆算で計算しましょう。また，筆算での計算のしかたを書きましょう。

```
   3.8
 + 1.3
```
［ 筆算での計算のしかた ］

❷ 3.4 － 1.8 を筆算で計算しましょう。また，筆算での計算のしかたを書きましょう。

```
   3.4
 - 1.8
```
［ 筆算での計算のしかた ］

❸ ❶❷の筆算での計算のしかたを3人にせつ明し，なっとくしてもらえたらサインをもらいましょう。

✏️友だちのサイン

❹ つぎの計算を筆算でしましょう。

(1)　　1.7
　　＋ 2.9

(2)　　7.2
　　－ 2.4

(3)　　5.2
　　－ 1.7

(4) 1.6 ＋ 2.2

(5) 2.8 ＋ 3.7

(6) 3.5 ＋ 4.9

(7) 4.9 － 3.6

(8) 7.3 － 2.7

小数 7

___組___番 氏名_____

🏆GOAL
ぜんいんが，小数のたし算とひき算の筆算をすることができる②。

❶ 1.4 ＋ 2.6 を筆算で計算しましょう。また，筆算での計算のしかたを書きましょう。

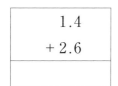   [筆算での計算のしかた]

❷ 9 － 3.7 を筆算で計算しましょう。また，筆算での計算のしかたを書きましょう。

```
    9
 － 3.7
```
[筆算での計算のしかた]

❸ ❶❷の筆算での計算のしかたを3人にせつ明し，なっとくしてもらえたらサインをもらいましょう。

✏️友だちのサイン | | | |

❹ つぎの計算を筆算でしましょう。

(1)　　3．5　　　　(2)　　5．5　　　　(3)　　8
　　＋ 4．5　　　　　　　－ 4．7　　　　　　　－ 2．5
　　―――――　　　　　―――――　　　　　―――――

(4) 3.8 ＋ 5.2　　　(5) 6 ＋ 2.3　　　(6) 5.7 ＋ 14

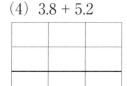   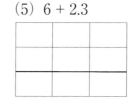   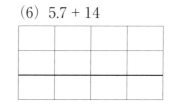

(7) 16 － 1.4　　　(8) 8.7 － 3

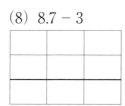

小数 8

____組____番 氏名_____

👑GOAL
ぜんいんが，小数をいろいろな見方でせつ明することができる。

❶ 4.7 とはどのような数ですか。〔　　　〕にあてはまる数を書きましょう。

(1) 4.7 は，4 と〔　　　〕をあわせた数です。

(2) 下の数直線の〔　　〕にあてはまる数を書きましょう。

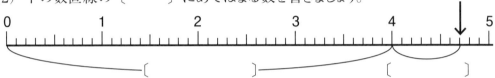

(3) 4.7 は 5 より〔　　　〕小さい数です。

(4) 4.7 は 4 と 0.1 を〔　　　〕こあわせた数です。

(5) 4.7 は 0.1 を〔　　　〕こ集めた数です。

❷ 8.6 とはどのような数ですか。〔　　　〕にあてはまる数を書きましょう。

(1) 8.6 は，1 を 8 こと 0.1 を〔　　　〕こあわせた数です。

(2) 8.6 は，0.1 を〔　　　〕こ集めた数です。

(3) 8.6 = 8 +〔　　　〕

(4) 8.6 =〔　　　〕− 0.4

❸ 自分で小数を1つきめ，❶，❷のように 4 通り以上のあらわし方でせつ明しましょう。3 人にせつ明し，なっとくしてもらえたらサインをもらいましょう。

きめた数〔　　　〕

あらわし方

✎友だちのサイン

課題10 重さ

	めあて（GOAL）	課題
1	ぜんいんが，重さをたんい「g」をつかってあらわすことができる。	❶ 消しゴムとホチキスの重さを，1円玉をつかってしらべます。つぎのもんだいに答えましょう。 (1) 消しゴムとホチキスではどちらが重いでしょうか。また，そのりゆうを書きましょう。 (2) 重さをはかるときに，たんい「g」(グラム)をつかうとべんりです。それはなぜか考えて書きましょう。3人にせつ明し，なっとくしてもらえたらサインをもらいましょう。※1円玉1この重さは1gです。 (3) 消しゴム，ホチキスはそれぞれ何gですか。 ❷ 1円玉をつかって，えん筆，ノート，はさみの重さをはかりました。それぞれ何gですか。 ❸ 天びんと1円玉をつかって，みのまわりのものの重さをはかってみましょう。
2	ぜんいんが，はかりをつかって，ものの重さをはかることができる。	❶ 下の図のはかりについて，つぎのもんだいに答えましょう。 ❷ はかりのはりのさしている重さを書きましょう。めもりの読み方を，3人にせつ明し，なっとくしてもらえたらサインをもらいましょう。 ❸ 〔　　〕にあてはまる数を書きましょう。
3	ぜんいんが，重さの計算のしかたをせつ明することができる。	❶ 重さ300gの入れものに，みそ900gを入れました。 (1) 全体の重さをもとめる式を書きましょう。また，式のりゆうも書きましょう。 (2) 全体の重さは何gですか。また，何kg何gですか。 ❷ ゆうたさんの体重は34kgです。大きな花びんをもってはかったら，41kgになりました。 花びんの重さをもとめる式，答えを書きましょう。また，式のりゆうを書き，3人にせつ明し，なっとくしてもらえたらサインをもらいましょう。 ❸ とても重いものの重さをあらわすたんいに，t（トン）があります。〔　　〕にあてはまる数を書きましょう。
4	ぜんいんが，重さのれんしゅうもんだいをとくことができる。	❶ れんしゅうもんだいをとき，丸つけをしましょう。 ❷ 力だめしもんだいをとき，丸つけをしましょう。 （教科書のもんだいをときましょう。）

重さ ①

_____組_____番　氏名_____

👑 GOAL

ぜんいんが，重さをたんい「g」をつかってあらわすことができる。

❶ 消しゴムとホチキスの重さを，1円玉をつかってしらべます。つぎのもんだいに答えましょう。

消しゴム　　　1円玉25こ　　　ホチキス　　　1円玉50こ

(1) 消しゴムとホチキスでは，どちらが重いでしょうか。また，そのりゆうを書きましょう。

(　　　　　　　　　　)

[りゆう]　_____

(2) 重さをはかるときに，たんい「g」（グラム）をつかうとべんりです。それはなぜか考えて書きましょう。3人にせつ明し，なっとくしてもらえたらサインをもらいましょう。

※ 1円玉1この重さは1gです。

[せつ明]

✏️ 友だちのサイン　| | | |
|---|---|---|

(3) 消しゴム，ホチキスはそれぞれ何gですか。

消しゴム（　　　　　　　）　　ホチキス（　　　　　　　　）

❷ 1円玉をつかって，えん筆，ノート，はさみの重さをはかりました。それぞれ何gですか。

はかるもの	1円玉
えん筆	5こ
ノート	100こ
はさみ	48こ

(1) えん筆　（　　　　　　　　　　）
(2) ノート　（　　　　　　　　　　）
(3) はさみ　（　　　　　　　　　　）

❸ 天びんと1円玉をつかって，みのまわりのものの重さをはかってみましょう。

重さ 2

　　　　　　　　　　　　組　　　　番　氏名

GOAL
ぜんいんが，はかりをつかって，ものの重さをはかることができる。

❶ 下の図のはかりについて，つぎのもんだいに答えましょう。

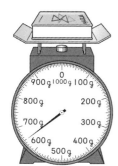

(1) いちばん小さい1めもりは何gをあらわしていますか。
　　　　　　　　　　　　　　（　　　　　　g　　　　）

(2) 何gまではかれるはかりですか。また，それは何kgですか。
　　　　　　　（　　　　　　g　　）（　　　　　　kg　　）

(3) 本の重さは何gでしょうか。　（　　　　　　g　　　　）

❷ はかりのはりのさしている重さを書きましょう。めもりの読み方を，3人にせつ明し，なっとくしてもらえたらサインをもらいましょう。

(1)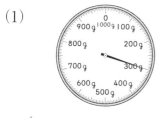
（　　　　　　g　　　　）

(2)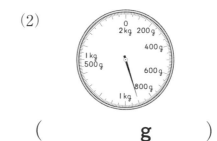
（　　　　　　g　　　　）

(3)
（　　　kg　　　g　　）

✏️ 友だちのサイン

❸ 〔　　〕にあてはまる数を書きましょう。

(1) 2kg=〔　　　　　〕g　　(2) 3kg 150g=〔　　　　　〕g

(3) 1800g=〔　　　　〕kg〔　　　　　〕g

重さ ③

____組____番 氏名_____

👑GOAL
ぜんいんが，重さの計算のしかたをせつ明することができる。

❶ 重さ 300 g の入れものに，みそ 900 g を入れました。

(1) 全体の重さをもとめる式を書きましょう。また，式のりゆうも書きましょう。

```
|──入れものの重さ──|────みその重さ────|
|─────────全体の重さ─────────|
```

［ 式 ］_____

［ 式のりゆう ］

(2) 全体の重さは何gですか。また，何kg何gですか。

(g   ) (kg   g   )

❷ ゆうたさんの体重は 34kg です。大きな花びんをもってはかったら，41kg になりました。花びんの重さをもとめる式，答えを書きましょう。また，式のりゆうを書き，3人にせつ明し，なっとくしてもらえたらサインをもらいましょう。

［ 式 ］_____ ［ 答え ］_____ kg

［ 式のりゆう ］

❸ とても重いものの重さをあらわすたんいに，t（トン）があります。
〔　　　〕にあてはまる数を書きましょう。

(1) 1000kg ＝〔　　　〕t　　(2) 7000kg ＝〔　　　〕t

(3) 4t ＝〔　　　〕kg

課題11 円と球

	めあて（GOAL）	課題
1	ぜんいんが，みんながなっとくする玉入れのならび方をせつ明することができる。	❶ 12人で玉入れをしようとしています。しかし，下のならび方では，なっとくしていない人がいます。そのりゆうを考えて書きましょう。 ❷ どのようにならぶとみんながなっとくするか考えて，図をかきましょう。 どのような形になるか，なぜみんながなっとくするかを考えて書きましょう。3人にせつ明し，なっとくしてもらえたらサインをもらいましょう。
2	ぜんいんが，円とはどのような形かを，せつ明することができる。	❶ ものさし，ひも，工作用紙などの道具をつかって，丸い形をかきましょう。 ❷ 右の円を見て，答えましょう。右の図の㋐，㋑，㋒を，それぞれ円の何といいますか。 ❸ みのまわりで，円の形をしたものを3つ以上さがして，書きましょう。3人にせつ明し，なっとくしてもらえたらサインをもらいましょう。 ❹ つぎのもんだいの〔　　〕にあてはまる数を書きましょう。
3	ぜんいんが，コンパスをつかって円をかいたり，はたらきをせつ明したりすることができる。	❶ コンパスをつかって，半径3cmの円をかきましょう。円のかき方を3人にせつ明し，なっとくしてもらえたらサインをもらいましょう。 ❷ コンパスをつかって，つぎの円をかきましょう。 ❸ コンパスには， （1）直線を同じ長さにくぎる。 （2）直線の長さをくらべる。 （3）直線の長さをうつす。 といったはたらきがあります。 どのようにコンパスをつかうと，このようなはたらきができるでしょうか。3人にせつ明し，なっとくしてもらえたらサインをもらいましょう。

4	ぜんいんが，球のとくちょうをせつ明することができる。	❶ 球とはどのような形のことをいうでしょうか。せつ明を書きましょう。 ❷ 球を切った切り口は，どんな形をしているか書きましょう。 ❸ 切り口がいちばん大きくなるときは，どんなときか書きましょう。 ❹ 球の直径は，2つのものではさんで，その間の長さをはかることでしらべることができます。これはなぜなのか，りゆうを考えて書きましょう。3人にせつ明し，なっとくしてもらえたらサインをもらいましょう。 ❺ みのまわりから，球の形をしたものを見つけ，3つ以上書きましょう。
5	ぜんいんが，円と球のれんしゅうもんだいをとくことができる。	❶ れんしゅうもんだいをとき，丸つけしましょう。 （教科書のもんだいをときましょう。） ❷ 力だめしもんだいをとき，丸つけをしましょう。 （教科書のもんだいをときましょう。）

円と球 ❶

_____組_____番 氏名_____

👑 GOAL
ぜんいんが，みんながなっとくする玉入れのならび方をせつ明することができる。

❶ 12人で玉入れをしようとしています。しかし，下のならび方では，なっとくしていない人がいます。そのりゆうを考えて書きましょう。

(1) 一直線にならぶ。　　(2) 正方形にならぶ。　　(3) 丸い形にならぶ。

[なっとくしていない人がいるりゆう]

❷ どのようにならぶとみんながなっとくするか考えて，図をかきましょう。
どのような形になるか，なぜみんながなっとくするかを考えて書きましょう。3人にせつ明し，なっとくしてもらえたらサインをもらいましょう。

[みんながなっとくするならび方の図]　　　[どんな形になるか]

[なぜみんながなっとくするか]

✏️ 友だちのサイン

円と球 ❷

___組___番 氏名_____

👑GOAL
ぜんいんが，円とはどのような形かを，せつ明することができる。

❶ ものさし，ひも，工作用紙などの道具をつかって，丸い形をかきましょう。

❷ 右の円を見て，答えましょう。
右の図の⑦，⑦，⑦を，それぞれ円の何といいますか。

⑦ (　　　　　　　　)

⑦ (　　　　　　　　)

⑦ (　　　　　　　　)

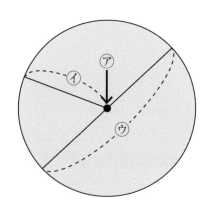

❸ みのまわりで，円の形をしたものを3つ以上さがして，書きましょう。
3人にせつ明し，なっとくしてもらえたらサインをもらいましょう。

✏️友だちのサイン　|　　　|　　　|　　　|

❹ つぎのもんだいの〔　　〕にあてはまる数を書きましょう。

(1) 半径が3cmの円の直径は，〔　　　　〕cmです。

(2) 直径は，円の〔　　　　　　〕を通る直線です。

(3) 直径が8cmの円の半径は，〔　　　　〕cmです。

円と球 ③

　　　　　　　　　　　組　　　番　氏名

👑GOAL
ぜんいんが，コンパスをつかって円をかいたり，はたらきをせつ明したりすることができる。

❶ コンパスをつかって，半径3cmの円をかきましょう。円のかき方を3人にせつ明し，なっとくしてもらえたらサインをもらいましょう。

✏️ 友だちのサイン

❷ コンパスをつかって，つぎの円をかきましょう。

　（1）半径が2.5cmの円　　　　　　　　（2）直径が6cmの円

❸ コンパスには，(1)直線を同じ長さにくぎる。(2)直線の長さをくらべる。(3)直線の長さをうつす。といったはたらきがあります。どのようにコンパスをつかうと，このようなはたらきができるでしょうか。3人にせつ明し，なっとくしてもらえたらサインをもらいましょう。

　　　　　　　　　　✏️ 友だちのサイン

円と球 ❹

_____組_____番 氏名_____

👑GOAL
ぜんいんが，球のとくちょうをせつ明することができる。

❶ 球とはどのような形のことをいうでしょうか。
　せつ明を書きましょう。

❷ 球を切った切り口は，どんな形をしているか書きましょう。
　　　　　　　　　　　　　（　　　　　　　　　　　　　）

❸ 切り口がいちばん大きくなるときは，どんなときか書きましょう。
　　　　　　　　　　　　　（　　　　　　　　　　　　　）

❹ 球の直径は，2つのものではさんで，その間の長さをはかることでしらべることができます。これはなぜなのか，りゆうを考えて書きましょう。3人にせつ明し，なっとくしてもらえたらサインをもらいましょう。

［ りゆう ］

✏️友だちのサイン | | | |
|---|---|---|

❺ みのまわりから，球の形をしたものを見つけ，3つ以上書きましょう。

課題12 分数

	めあて（GOAL）	課題
1	ぜんいんが，分数をつかって，はしたの大きさをあらわすことができる。	❶ 色をぬった部分の長さは何 m ですか。分数であらわしましょう。また，そのりゆうを書きましょう。 ❷ 水のかさは，それぞれ何 L ですか。分数であらわしましょう。また，そのりゆうも書きましょう。 ❸ つぎの長さやかさの分だけ，色をぬりましょう。なぜそのようにぬったか3人にせつ明し，なっとくしてもらえたらサインをもらいましょう。
2	ぜんいんが，分数のしくみや，小数とのかんけいをせつ明することができる。	❶ 上の数直線の (1),(2) にあてはまる分数を書きましょう。 ❷ つぎのもんだいに答えましょう。 ❸ $\frac{6}{10}$ と 0.7 ではどちらが大きいか不等号をつかってあらわしましょう。どのようにして大小をくらべたか3人にせつ明し，なっとくしてもらえたらサインをもらいましょう。 ❹ □にあてはまる等号や不等号を書きましょう。
3	ぜんいんが，分数のたし算とひき算の計算のしかたをせつ明することができる。	❶ $\frac{2}{5} + \frac{1}{5} = \frac{3}{10}$ と計算しました。これはまちがいです。なぜ，まちがいであるといえるのか，また，正しい計算のしかたを書きましょう。 ❷ $\frac{3}{5} - \frac{2}{5} = \frac{1}{0}$ と計算しました。これはまちがいです。なぜ，まちがいであるといえるのか，また，正しい計算のしかたを書きましょう。 ❸ ❶❷で書いたことを3人にせつ明し，なっとくしてもらえたらサインをもらいましょう。 ❹ 計算をしましょう。
4	ぜんいんが，分数のれんしゅうもんだいをとくことができる。	❶ れんしゅうもんだいをとき，丸つけをしましょう。 （教科書のもんだいをときましょう。） ❷ 力だめしもんだいをとき，丸つけをしましょう。 （教科書のもんだいをときましょう。）

分数 1

_____組_____番 氏名_____

👑GOAL
ぜんいんが，分数をつかって，はしたの大きさをあらわすことができる。

❶ 色をぬった部分の長さは何 m ですか。分数であらわしましょう。また，そのりゆうを書きましょう。

(1)    (   )

[りゆう] _____

(2) 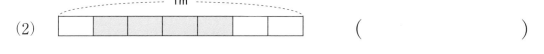   (   )

[りゆう] _____

❷ 水のかさは，それぞれ何Lですか。分数であらわしましょう。また，そのりゆうも書きましょう。

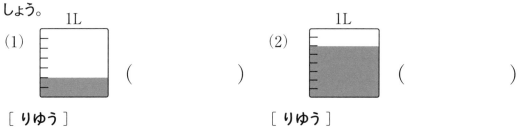

(1) (   )   (2) (   )

[りゆう]   [りゆう]

❸ つぎの長さやかさの分だけ，色をぬりましょう。なぜそのようにぬったか 3 人にせつ明し，なっとくしてもらえたらサインをもらいましょう。

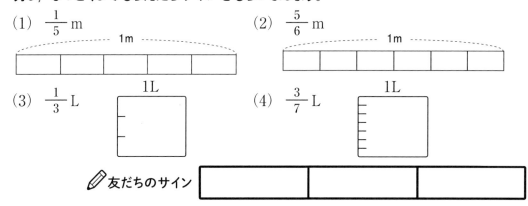

(1) $\frac{1}{5}$ m   (2) $\frac{5}{6}$ m

(3) $\frac{1}{3}$ L   (4) $\frac{3}{7}$ L

✏️友だちのサイン

分数 2

_____組_____番 氏名_____

👑GOAL
ぜんいんが，分数のしくみや，小数とのかんけいをせつ明することができる。

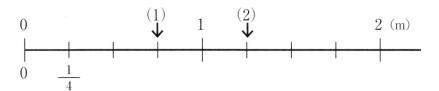

❶ 上の数直線の（1），（2）にあてはまる分数を書きましょう。

(1) (　　　　　　　)　　(2) (　　　　　　　　　)

❷ つぎのもんだいに答えましょう。

(1) $\frac{1}{4}$ mの7こ分の長さは何mですか。　　(　　　　　　　)

(2) $\frac{1}{4}$ mの4こ分の長さは何mですか。　　(　　　　　　　)

(3) $\frac{7}{6}$ mは $\frac{5}{6}$ mより何m長いですか。　　(　　　　　　　)

(4) $\frac{1}{10}$ を小数であらわしましょう。　　(　　　　　　　)

❸ $\frac{6}{10}$ と0.7ではどちらが大きいか不等号をつかってあらわしましょう。どのようにして大小をくらべたか3人にせつ明し，なっとくしてもらえたらサインをもらいましょう。

$\frac{6}{10}$ □ 0.7　　［ くらべ方 ］

✏️友だちのサイン　□　□　□

❹ □にあてはまる等号や不等号を書きましょう。

(1) $\frac{11}{10}$ □ 0.9　　(2) $\frac{5}{10}$ □ 0.5　　(3) $\frac{2}{10}$ □ 1

分数 3

_____組 _____番 氏名_____

👑GOAL
ぜんいんが, 分数のたし算とひき算の計算のしかたをせつ明することができる。

❶ $\frac{2}{5} + \frac{1}{5} = \frac{3}{10}$ と計算しました。これはまちがいです。なぜ, まちがいであるといえるのか, また, 正しい計算のしかたを書きましょう。

❷ $\frac{3}{5} - \frac{2}{5} = \frac{1}{0}$ と計算しました。これはまちがいです。なぜ, まちがいであるといえるのか, また, 正しい計算のしかたを書きましょう。

❸ ❶❷で書いたことを3人にせつ明し, なっとくしてもらえたらサインをもらいましょう。

✏️友だちのサイン

❹ 計算をしましょう。

(1) $\frac{1}{3} + \frac{1}{3} =$

(2) $\frac{3}{6} + \frac{2}{6} =$

(3) $\frac{4}{9} + \frac{5}{9} =$

(4) $\frac{1}{10} + \frac{9}{10} =$

(5) $\frac{2}{4} - \frac{1}{4} =$

(6) $\frac{6}{7} - \frac{2}{7} =$

(7) $1 - \frac{5}{9} =$

(8) $1 - \frac{3}{8} =$

課題13　□をつかった式

	めあて（GOAL）	課題
1	ぜんいんが，□をつかったたし算・ひき算の式の，□にあてはまる数のもとめ方をせつ明することができる。	❶ カードを24まいもっていました。何まいかもらったので，カードはぜんぶで37まいになりました。このとき，以下のもんだいに答えましょう。 (1) わからない数を□として，お話の場面を線分図にあらわしましょう。 (2) もらったまい数を□として，お話の場面をたし算の式であらわしましょう。 (3) □をつかった式を計算して，□にあてはまる数をもとめましょう。 ❷ みかんが何こかありました。16こ食べたので，のこりは25こになりました。このとき，以下のもんだいに答えましょう。 (1) わからない数を□として，お話の場面を線分図にあらわしましょう。 (2) はじめにあった数を□として，お話の場面をひき算の式であらわしましょう。 (3) □をつかった式を計算して，答えをもとめましょう。 ❸ ❶❷の線分図や計算のしかたを3人にせつ明し，なっとくしてもらえたらサインをもらいましょう。
2	ぜんいんが，□をつかったかけ算の式の□の数をもとめたり，式の意味をせつ明したりすることができる。	❶ 花かざりを，同じ数ずつ4人で作ったら，花かざりはぜんぶで28こになりました。 (1) わからない数を□として，お話の場面を線分図にあらわしましょう。 (2) わからない数を□として，お話の場面をかけ算の式にあらわしましょう。 (3) □をつかった式を計算して，□にあてはまる数をもとめましょう。 ❷ つぎの文を読んで□をつかったかけ算の式にあらわし，答えをもとめましょう。 また，そのような式にあらわすりゆうも書きましょう。書いたものを3人にせつ明し，なっとくしてもらえたらサインをもらいましょう。 (1) 6人ずつ馬車にのります。□台で，36人のることができます。 (2) □人ずつ馬車にのります。6台で，36人のることができます。

□をつかった式 ❶

_____組_____番 氏名_____

👑GOAL

ぜんいんが，□をつかったたし算・ひき算の式の，□にあてはまる数のもとめ方をせつ明することができる。

❶ カードを24まいもっていました。何まいかもらったので，カードはぜんぶで37まいになりました。このとき，以下のもんだいに答えましょう。

(1) わからない数を□として，お話の場面を線分図にあらわしましょう。

(2) もらったまい数を□として，お話の場面をたし算の式であらわしましょう。
[式]_____

(3) □をつかった式を計算して，□にあてはまる数をもとめましょう。
[式]
_____ [答え]_____

❷ みかんが何こかありました。16こ食べたので，のこりは25こになりました。このとき，以下のもんだいに答えましょう。

(1) わからない数を□として，お話の場面を線分図にあらわしましょう。

(2) はじめにあった数を□として，お話の場面をひき算の式であらわしましょう。
[式]_____

(3) □をつかった式を計算して，答えをもとめましょう。
[式]
_____ [答え]_____

❸ ❶❷の線分図や計算のしかたを3人にせつ明し，なっとくしてもらえたらサインをもらいましょう。

✏️友だちのサイン

□をつかった式 ❷

　　　　　　　　　組　　　番　氏名

👑GOAL

ぜんいんが，□をつかったかけ算の式の□の数をもとめたり，式の意味をせつ明したりすることができる。

❶ 花かざりを，同じ数ずつ 4 人で作ったら，花かざりはぜんぶで 28 こになりました。

(1) わからない数を□として，お話の場面を線分図にあらわしましょう。

(2) わからない数を□として，お話の場面をかけ算の式にあらわしましょう。
　　　[式]

(3) □をつかった式を計算して，□にあてはまる数をもとめましょう。
　　　[式]

　　　　　　　　　　　　　　　　　　[答え]

❷ つぎの文を読んで□をつかったかけ算の式にあらわし，答えをもとめましょう。
また，そのような式にあらわすりゆうも書きましょう。書いたものを 3 人にせつ明し，なっとくしてもらえたらサインをもらいましょう。

(1) 6 人ずつ馬車にのります。□台で，36 人のることができます。
　　　[式]　　　　　　　　　　　[答え]
[式のりゆう]

(2) □人ずつ馬車にのります。6 台で，36 人のることができます。
　　　[式]　　　　　　　　　　　[答え]
[式のりゆう]

✏️ 友だちのサイン

課題14 2けたのかけ算

	めあて（GOAL）	課題
1	ぜんいんが，（1けた）×（何十），（何十）×（何十）のかけ算の，計算のしかたをせつ明することができる。	❶ 4×20 の計算のしかたを考えて書きましょう。ただし，「九九」の計算と，「10倍」ということばをつかいましょう。 ❷ 40×20 の計算のしかたを考えて書きましょう。ただし，「九九」の計算と，「100倍」ということばをつかいましょう。 ❸ ❶❷の計算のしかたを3人にせつ明し，なっとくしてもらえたらサインをもらいましょう。 ❹ かけ算をしましょう。
2	ぜんいんが，（2けた）×（2けた）のかけ算の，筆算のしかたをせつ明することができる①。	❶ 31×12 の計算のしかたを考え，式やことばで書きましょう。 ❷ 31×12 の筆算での計算のしかたを考えて書きましょう。なぜ，そのような筆算での計算のしかたになるか，3人にせつ明し，なっとくしてもらえたらサインをもらいましょう。 ❸ かけ算をしましょう。
3	ぜんいんが，（2けた）×（2けた）のかけ算の，筆算のしかたをせつ明することができる②。	❶ 32×28 の筆算のしかたを考え，右のように計算しました。これはまちがえています。どのようにまちがえているか，せつ明を書きましょう。 ❷ 73×94 の筆算での計算のしかたを考えて書きましょう。なぜ，そのような筆算での計算のしかたになるか，3人にせつ明し，なっとくしてもらえたらサインをもらいましょう。 ❸ かけ算をしましょう。
4	ぜんいんが，（2けた）×（2けた）のかけ算の，筆算のしかたをせつ明することができる③。	❶ 19×50 を筆算で㋐，㋑のように計算しました。㋑ではどのようにくふうをしているか書きましょう。 ❷ 6×24 の筆算で㋐，㋑のように計算しました。㋑ではどのようなくふうをしているか書きましょう。 ❸ ❶❷に書いたことを3人にせつ明し，なっとくしてもらえたらサインをもらいましょう。 ❹ かけ算をしましょう。(4)～(8)は自分で筆算も書きましょう。

5	ぜんいんが，(3けた)×(2けた)のかけ算の，筆算のしかたをせつ明することができる。	❶ 321×23の計算のしかたを考え，式やことばで書きましょう。 ❷ 697×52の筆算での計算のしかたを考えて書きましょう。なぜ，そのような筆算での計算のしかたになるか，3人にせつ明し，なっとくしてもらえたらサインをもらいましょう。 ❸ かけ算をしましょう。
6	ぜんいんが，(3けた)×(2けた)のかけ算の筆算を，答えの見当をつけてから計算することができる。	❶ 407×50の筆算のしかたを考え，右のように計算しました。 これはまちがえています。答えの見当をつけることによって，まちがえていることをせつ明しましょう。また，正しく筆算で計算しましょう。 ❷ 602×38の筆算での計算のしかたを考えて書きましょう。 かけられる数の十の位が0のときに，どのような筆算のくふうができるか，3人にせつ明し，なっとくしてもらえたらサインをもらいましょう。 ❸ かけ算をしましょう。
7	ぜんいんが，暗算のしかたをせつ明することができる。	❶ 25×4の暗算のしかたを考えて書きましょう。 ❷ 25×4の答えをもとにして25×24の暗算のしかたを考えて書きましょう。 ❸ 27×3の暗算のしかたを考えて書きましょう。 ❹ ❶〜❸の暗算のしかたを3人にせつ明し，なっとくしてもらえたらサインをもらいましょう。 ❺ 暗算をしましょう。
8	ぜんいんが，2けたのかけ算の筆算のれんしゅうもんだいをとくことができる。	❶ れんしゅうもんだいをとき，丸つけをしましょう。 （教科書のもんだいをときましょう。） ❷ 力だめしもんだいをとき，丸つけをしましょう。 （教科書のもんだいをときましょう。）

2けたのかけ算 ①

_____組_____番 氏名_____

👑GOAL

ぜんいんが，(1けた)×(何十)，(何十)×(何十)のかけ算の，計算のしかたをせつ明することができる。

❶ 4×20の計算のしかたを考えて書きましょう。ただし，「九九」の計算と，「10倍」ということばをつかいましょう。

［ 式 ］_____

［ 計算のしかた ］

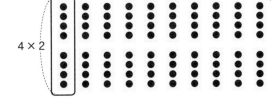

❷ 40×20の計算のしかたを考えて書きましょう。ただし，「九九」の計算と，「100倍」ということばをつかいましょう。

［ 式 ］_____

［ 計算のしかた ］

❸ ❶❷の計算のしかたを3人にせつ明し，なっとくしてもらえたらサインをもらいましょう。

✏友だちのサイン

❹ かけ算をしましょう。

(1) 2×30 =　　　(2) 7×60 =　　　(3) 8×50 =

(4) 32×30 =　　　(5) 90×80 =　　　(6) 50×60 =

2けたのかけ算 ❷

_____組 _____番 氏名_____

👑GOAL

ぜんいんが，(2けた)×(2けた)のかけ算の，筆算のしかたをせつ明することができる①。

❶ 31×12の計算のしかたを考え，式やことばで書きましょう。

[式]_____

[計算のしかた]

❷ 31×12の筆算での計算のしかたを考えて書きましょう。
なぜ，そのような筆算での計算のしかたになるか，3人にせつ明し，なっとくしてもらえたらサインをもらいましょう。

[筆算のしかた]

```
    3 1
×   1 2
```

✏️友だちのサイン | | | |

❸ かけ算をしましょう。

(1) 1 4   (2) 2 1   (3) 4 1   (4) 3 0
   × 2 3   × 4 2   × 1 2   × 1 3

(5) 2 3   (6) 1 1   (7) 2 4   (8) 3 8
   × 3 3   × 5 9   × 1 4   × 2 2

2けたのかけ算 ❸

___組___番 氏名_____

👑GOAL
ぜんいんが，(2けた)×(2けた)のかけ算の，筆算のしかたをせつ明することができる②。

❶ 32×28の筆算のしかたを考え，右のように計算しました。
これはまちがえています。どのようにまちがえているか，
せつ明を書きましょう。

```
    3 2
  × 2 8
  ─────
    7 6
```

[せつ明]

❷ 73×94の筆算での計算のしかたを考えて書きましょう。
なぜ，そのような筆算での計算のしかたになるか，3人にせつ明し，なっとくしてもらえたらサインをもらいましょう。

[筆算のしかた]

```
      7 3
  ×   9 4
```

✏️友だちのサイン | | | |

❸ かけ算をしましょう。

(1)　　5 3　　　(2)　　4 8　　　(3)　　9 6　　　(4)　　2 4
　　×　2 7　　　　　×　6 7　　　　　×　4 2　　　　　×　3 8

(5)　　4 3　　　(6)　　2 9　　　(7)　　4 6　　　(8)　　1 8
　　×　2 8　　　　　×　4 3　　　　　×　6 2　　　　　×　6 5

2けたのかけ算 ④

_____組_____番 氏名_____

👑GOAL
ぜんいんが,(2けた)×(2けた)のかけ算の,筆算のしかたをせつ明することができる③。

❶ 19×50を筆算で㋐,㋑のように計算しました。
㋑ではどのようにくふうをしているか書きましょう。

```
㋐    1 9        ㋑    1 9
    ×  5 0          ×  5 0
    ─────           ─────
       0 0          9 5 0
     9 5
    ─────
    9 5 0
```

❷ 6×24の筆算で㋐,㋑のように計算しました。
㋑ではどのようなくふうをしているか書きましょう。

```
㋐       6        ㋑     2 4
     ×  2 4           ×    6
    ─────           ─────
        2 4          1 4 4
      1 2
    ─────
      1 4 4
```

❸ ❶❷に書いたことを3人にせつ明し,なっとくしてもらえたらサインをもらいましょう。

✎ 友だちのサイン [   ] [   ] [   ]

❹ かけ算をしましょう。(4)～(8)は自分で筆算も書きましょう。

(1)　　4 8　　　(2)　　3 6　　　(3)　　6 7　　　(4) 8×16
　　×　2 0　　　　　×　4 0　　　　　×　3 0
　　─────　　　　　─────　　　　　─────

(5) 2×83　　(6) 7×43　　(7) 9×37　　(8) 5×46

2けたのかけ算 5

＿＿＿組＿＿＿番　氏名＿＿＿＿＿＿＿＿＿＿＿＿

👑GOAL

ぜんいんが,（3けた）×（2けた）のかけ算の,筆算のしかたをせつ明することができる。

❶ 321×23 の計算のしかたを考え，式やことばで書きましょう。

［ 式 ］＿＿＿＿＿＿＿＿＿＿＿＿＿

［ 計算のしかた ］

❷ 697×52 の筆算での計算のしかたを考えて書きましょう。

なぜ，そのような筆算での計算のしかたになるか，3人にせつ明し，なっとくしてもらえたらサインをもらいましょう。

［ 筆算のしかた ］

✏️友だちのサイン ｜　　　｜　　　｜　　　｜

❸ かけ算をしましょう。

(1)　　243
　×　　12

(2)　　136
　×　　34

(3)　　429
　×　　62

(4)　　384
　×　　72

(5)　　418
　×　　23

(6)　　264
　×　　38

(7)　　538
　×　　67

(8)　　964
　×　　45

2けたのかけ算 ⑥

_____組_____番 氏名_____

👑GOAL

ぜんいんが，(3けた)×(2けた) のかけ算の筆算を，答えの見当をつけてから計算することができる。

❶ 407×50 の筆算のしかたを考え，右のように計算しました。これはまちがえています。答えの見当をつけることによって，まちがえていることをせつ明しましょう。
また，正しく筆算で計算しましょう。

```
   4 0 7
 ×   5 0
   2 3 5 0
```

［ せつ明 ］   ［ 正しい筆算 ］

❷ 602×38 の筆算での計算のしかたを考えて書きましょう。
　かけられる数の十の位が 0 のときに，どのような筆算のくふうができるか，3 人にせつ明し，なっとくしてもらえたらサインをもらいましょう。

［ 筆算のしかた ］

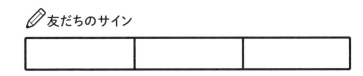
✏️友だちのサイン

❸ かけ算をしましょう。

(1)　2 0 9　　　　(2)　8 0 6　　　　(3)　5 0 6
　×　　3 4　　　　　×　　2 5　　　　　×　　6 4

(4)　2 0 8　　　　(5)　7 0 6　　　　(6)　8 0 4
　×　　3 0　　　　　×　　4 0　　　　　×　　2 0

2けたのかけ算 7

_____組_____番 氏名_____

👑GOAL

ぜんいんが，暗算のしかたをせつ明することができる。

❶ 25 × 4 の暗算のしかたを考えて書きましょう。

25 × 4 =

[暗算での計算のしかた]

❷ 25 × 4 の答えをもとにして 25 × 24 の暗算のしかたを考えて書きましょう。

25 × 24 =

[暗算での計算のしかた]

❸ 27 × 3 の暗算のしかたを考えて書きましょう。

[暗算での計算のしかた]

❹ ❶〜❸の暗算のしかたを 3 人にせつ明し，なっとくしてもらえたらサインをもらいましょう。

✏️友だちのサイン

❺ 暗算をしましょう。

(1) 25 × 16 =   (2) 36 × 25 =   (3) 43 × 2 =

(4) 18 × 5 =   (5) 320 × 2 =   (6) 140 × 6 =

(7) 28 × 30 =   (8) 25 × 80 =

課題15 三角形

	めあて（GOAL）	課題
1	ぜんいんが，二等辺三角形と正三角形の見つけ方をせつ明することができる。	❶ ⑦の三角形は二等辺三角形，⑦の三角形は正三角形といいます。それぞれ，どんな三角形かことばでせつ明を書きましょう。 ❷ 下の図の中から，正三角形と二等辺三角形を見つけて，記号で答えましょう。また，見つけ方をことばで書きましょう。3人にせつ明し，なっとくしてもらえたらサインをもらいましょう。
2	ぜんいんが，コンパスをつかって，二等辺三角形や正三角形をかくことができる。	❶ 辺の長さが，7cm，5cm，5cmの二等辺三角形を，コンパスをつかってかきましょう。また，かき方のせつ明を書きましょう。 ❷ つぎの正三角形をかきましょう。かき方を3人にせつ明し，なっとくしてもらえたらサインをもらいましょう。
3	ぜんいんが，円をつかって，二等辺三角形や正三角形をかくことができる。	❶ 半径3cmの円をかき，図のような⑦，⑦の三角形をかきましょう。 ❷ ❶の⑦は二等辺三角形，⑦は正三角形になっています。それはなぜでしょうか。りゆうを書きましょう。3人にせつ明し，なっとくしてもらえたらサインをもらいましょう。 ❸ 円とその中心をつかって，つぎの三角形をかきましょう。

4	ぜんいんが，二等辺三角形と正三角形の角のとくちょうをせつ明することができる。	❶ 1つのちょう点からでている2つの辺が作る形を角といいます。角を作っている辺の開きぐあいを，角の大きさといいます。角の大きさが大きいじゅんに記号を書きましょう。 ❷ ・二等辺三角形では，2つの角の大きさが，等しくなっています。 ・正三角形では，3つの角の大きさがすべて等しくなっています。 このことを，紙にかいて切りぬいた，二等辺三角形・正三角形をつかってたしかめましょう。 また，たしかめ方をことばで書きましょう。3人にせつ明し，なっとくしてもらえたらサインをもらいましょう。 ❸ 三角じょうぎを2まいならべて，三角形を作りました。それぞれ何という三角形ができているか，また，そのりゆうを書きましょう。
5	ぜんいんが，三角形のれんしゅうもんだいをとくことができる。	❶れんしゅうもんだいをとき，丸つけをしましょう。 （教科書のもんだいをときましょう。） ❷力だめしもんだいをとき，丸つけをしましょう。 （教科書のもんだいをときましょう。）

三角形 ❶

＿＿＿組＿＿＿番 氏名＿＿＿＿＿＿＿＿＿＿＿＿

👑GOAL
ぜんいんが，二等辺三角形と正三角形の見つけ方をせつ明することができる。

❶ ㋐の三角形は二等辺三角形，㋑の三角形は正三角形といいます。
それぞれ，どんな三角形かことばでせつ明を書きましょう。

㋐二等辺三角形

㋑正三角形
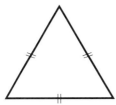

❷ 下の図の中から，正三角形と二等辺三角形を見つけて，記号で答えましょう。
また，見つけ方をことばで書きましょう。3人にせつ明し，なっとくしてもらえたらサインをもらいましょう。

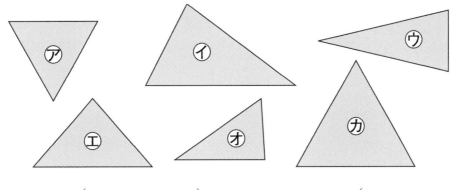

二等辺三角形（　　　　　　　）　　　正三角形（　　　　　　　　）

［ 見つけ方 ］

✏️友だちのサイン

三角形 ❷

_____組_____番 氏名_____

👑GOAL
ぜんいんが，コンパスをつかって，二等辺三角形や正三角形をかくことができる。

❶ 辺の長さが，7cm，5cm，5cmの二等辺三角形を，コンパスをつかってかきましょう。
  また，かき方のせつ明を書きましょう。

―――― 7cm ――――

[かき方のせつ明]

❷ つぎの正三角形をかきましょう。かき方を3人にせつ明し，なっとくしてもらえたらサインをもらいましょう。

　(1) 1辺の長さが3cm　　　　　　　(2) 1辺の長さが6cm

―― 3cm ――　　　　　　―――― 6cm ――――

✏友だちのサイン

三角形 ③

_____組_____番 氏名_____

👑GOAL
ぜんいんが、円をつかって、二等辺三角形や正三角形をかくことができる。

❶ 半径3cmの円をかき、図のような㋐、㋑の三角形をかきましょう。

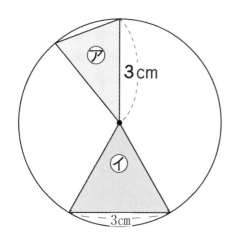

❷ ❶の㋐は二等辺三角形、㋑は正三角形になっています。それはなぜでしょうか。りゆうを書きましょう。3人にせつ明し、なっとくしてもらえたらサインをもらいましょう。

✏️友だちのサイン

❸ 円とその中心をつかって、つぎの三角形をかきましょう。

・辺の長さが2cm、2cm、3cmの二等辺三角形

三角形 ❹

____組____番 氏名_____

👑GOAL
ぜんいんが，二等辺三角形と正三角形の角のとくちょうをせつ明することができる。

❶ 1つのちょう点からでている2つの辺が作る形を角といいます。
角を作っている辺の開きぐあいを，角の大きさといいます。
角の大きさが大きいじゅんに記号を書きましょう。

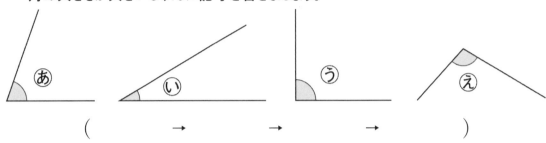

(　　→　　→　　→　　)

❷ ・二等辺三角形では，2つの角の大きさが，等しくなっています。
・正三角形では，3つの角の大きさがすべて等しくなっています。
このことを，紙にかいて切りぬいた，二等辺三角形・正三角形をつかってたしかめましょう。また，たしかめ方をことばで書きましょう。3人にせつ明し，なっとくしてもらえたらサインをもらいましょう。

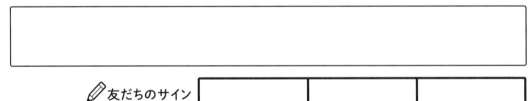

✏️友だちのサイン

❸ 三角じょうぎを2まいならべて，三角形を作りました。それぞれ何という三角形ができているか，また，そのりゆうを書きましょう。

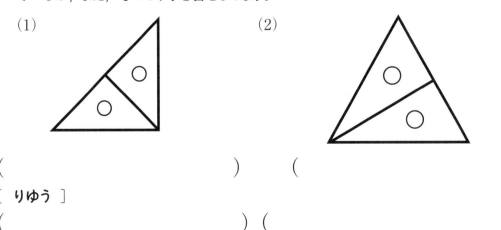

(　　　　　　　　　) (　　　　　　　　　)

[りゆう]
(　　　　　　　　　) (　　　　　　　　　)

課題16 表とグラフ

	めあて（GOAL）	課題
1	ぜんいんが，集めたしりょうを整理し，表にまとめることができる。	すきな動物についてしらべました。下のように1人が1まいずつカードに書きました。 ❶「正」の字をつかって人数をしらべ，表に書きましょう。また，「正」の字をつかってあらわした数を数字になおして，表に書きましょう。 ❷ 上の表の「その他」には，どんな動物が入りますか。ぜんぶ書きましょう。 ❸ すきな人の数がいちばん多い動物は何ですか。 ❹ ❶の表へのまとめ方と，表にまとめるとどのようなよさがあるかを，3人にせつ明し，なっとくしてもらえたらサインをもらいましょう。
2	ぜんいんが，ぼうグラフのよさをせつ明することができる。	❶ なわとびをしたときの，とんだ回数をぼうグラフにあらわしました。 このとき，つぎのもんだいに答えましょう。 ※ぼうグラフ…ぼうの長さで大きさをあらわしたグラフ ❷ ぼうグラフにあらわすと，どのようなよさがあるか，考えて書きましょう。3人にせつ明し，なっとくしてもらえたらサインをもらいましょう。
3	ぜんいんが，ぼうグラフのかき方をせつ明することができる。	❶ すきなおかしについ下の表にまとめました。これをぼうグラフにあらわしましょう。 ❷ ぼうグラフのかき方を3人にせつ明し，なっとくしてもらえたらサインをもらいましょう。 ❸ どのようなときに表がべんりで，どのようなときにぼうグラフがべんりかを考えて書きましょう。

4	ぜんいんが，ふく数の表を，1つの表にまとめることのよさをせつ明することができる。	❶ 3年生がすんでいる町を組ごとにまとめました。それぞれの組の人数の合計を空らんに書きましょう。 ❷ 学年全体のようすがわかるように，3つの表を1つの表にまとめました。空らんにあてはまる数を書きましょう。 ❸ 表の (1)，(2)，(3)，に入る数は，それぞれ何をあらわしていますか。 ❹ 3年生全体で，すんでいる人がいちばん多いのは，何町ですか。 ❺ ❷のようにふく数の表を，1つの表にまとめるとどのようなよさがあるか，書きましょう。3人にせつ明し，なっとくしてもらえたらサインをもらいましょう。
5	ぜんいんが，表とグラフのれんしゅうもんだいをとくことができる。	❶ れんしゅうもんだいをとき，丸つけをしましょう。 （教科書のもんだいをときましょう。） ❷ 力だめしもんだいをとき，丸つけをしましょう。 （教科書のもんだいをときましょう。）

表とグラフ❶

____組____番　氏名_____

👑GOAL
ぜんいんが，集めたしりょうを整理し，表にまとめることができる。

すきな動物についてしらべました。下のように1人が1まいずつカードに書きました。

ねこ	うさぎ	犬	犬	ハムスター	ねこ
ねこ	ハムスター	犬	ハムスター	りす	うさぎ
ハムスター	犬	ねこ	さる	ハムスター	犬
りす	犬	うさぎ	犬	ねこ	犬

❶「正」の字をつかって人数をしらべ，表に書きましょう。また，「正」の字をつかってあらわした数を数字になおして，表に書きましょう。

[すきな動物と人数]

犬	正 下
ねこ	正
ハムスター	正
うさぎ	下
りす	丁
さる	一

しゅるい	人数（人）
犬	
ねこ	
ハムスター	
その他	
合計	

❷ 上の表の「その他」には，どんな動物が入りますか。ぜんぶ書きましょう。

（　　　　　　　　　　　　　　）

❸ すきな人の数がいちばん多い動物は何ですか。

（　　　　　　　　　　　　　　）

❹ ❶の表へのまとめ方と，表にまとめるとどのようなよさがあるかを，3人にせつ明し，なっとくしてもらえたらサインをもらいましょう。

🖊友だちのサイン　|　　　|　　　|　　　|

表とグラフ❷

_____組_____番　氏名_____

👑GOAL
ぜんいんが，ぼうグラフのよさをせつ明することができる。

❶ なわとびをしたときの，とんだ回数をぼうグラフにあらわしました。
このとき，つぎのもんだいに答えましょう。
※ぼうグラフ…ぼうの長さで大きさをあらわしたグラフ

(1) ぼうグラフの1めもりは，何回を
あらわしていますか。
（　　　　　　　　）

(2) なわとびをした人は，何人ですか。
（　　　　　　　　）

(3) まいさんは，何回とびましたか。
（　　　　　　　　）

(4) とんだ回数がいちばん少ない人はだれですか。
（　　　　　　　　）

(5) さとしさんがとんだ回数とゆきえさんがとんだ回数のちがいは，何回ですか。
（　　　　　　　　）

(6) かずきさんがとんだ回数は，つよしさんがとんだ回数の何倍ですか。
（　　　　　　　　）

❷ ぼうグラフにあらわすと，どのようなよさがあるか，考えて書きましょう。
3人にせつ明し，なっとくしてもらえたらサインをもらいましょう。

✏️友だちのサイン

表とグラフ 3

_____組_____番 氏名_____

👑GOAL
ぜんいんが，ぼうグラフのかき方をせつ明することができる。

❶ すきなおかしについ下の表にまとめました。これをぼうグラフにあらわしましょう。

[すきなおかしと人数]

しゅるい	人数（人）
チョコレート	9
せんべい	3
ポテトチップ	7
ケーキ	12
その他	4
合計	35

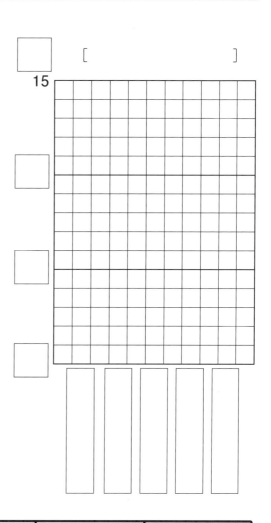

❷ ぼうグラフのかき方を3人にせつ明し，なっとくしてもらえたらサインをもらいましょう。

✏️友だちのサイン

❸ どのようなときに表がべんりで，どのようなときにぼうグラフがべんりかを考えて書きましょう。

表とグラフ 4

___組 ___番 氏名_____

GOAL
ぜんいんが，ふく数の表を，1つの表にまとめることのよさをせつ明することができる。

❶ 3年生がすんでいる町を組ごとにまとめました。それぞれの組の人数の合計を空らんに書きましょう。

[1組]

町名	人数（人）
東町	6
西町	8
南町	10
その他	9
合計	

[2組]

町名	人数（人）
東町	8
西町	10
南町	9
その他	7
合計	

[3組]

町名	人数（人）
東町	9
西町	6
南町	12
その他	5
合計	

❷ 学年全体のようすがわかるように，3つの表を1つの表にまとめました。空らんにあてはまる数を書きましょう。

	1組	2組	3組	合計
東町	6	8	9	
西町	8			
南町				(1)
その他				
合計		(2)		(3)

❸ 表の (1), (2), (3), に入る数は，それぞれ何をあらわしていますか。

(1) (　　　　　　　　　　　　　　　　)

(2) (　　　　　　　　　) (3) (　　　　　　　　　　　　　　　)

❹ 3年生全体で，すんでいる人がいちばん多いのは，何町ですか。(　　　　　)

❺ ❷のようにふく数の表を，1つの表にまとめるとどのようなよさがあるか，書きましょう。3人にせつ明し，なっとくしてもらえたらサインをもらいましょう。

友だちのサイン

Part 2

『学び合い』を成功させる
課題プリント・解答集

- **課題1** かけ算 ……………………………………… 118-119
- **課題2** 時こくと時間 ……………………………… 119
- **課題3** 長さ ………………………………………… 120
- **課題4** わり算 ……………………………………… 120-121
- **課題5** たし算とひき算 …………………………… 122-123
- **課題6** あまりのあるわり算 ……………………… 123-124
- **課題7** 大きい数 …………………………………… 124-126
- **課題8** かけ算の筆算 ……………………………… 126-128
- **課題9** 小数 ………………………………………… 128-130
- **課題10** 重さ ………………………………………… 130-131
- **課題11** 円と球 ……………………………………… 131-132
- **課題12** 分数 ………………………………………… 132
- **課題13** □をつかった式 …………………………… 133
- **課題14** 2けたのかけ算 ………………………… 133-135
- **課題15** 三角形 ……………………………………… 135-136
- **課題16** 表とグラフ ………………………………… 136-137

かけ算 1

GOAL: ぜんいんが，かけ算のきまりをせつ明することができる①。

かけ算にはつぎの (1), (2), (3) のきまりがあります。
(1) かける数が 1 ふえると，答えはかけられる数だけ大きくなる。
(2) かける数が 1 へると，答えはかけられる数だけ小さくなる。
(3) かけられる数とかける数を入れかえて計算しても，答えは同じになる。

❶ (1)〜(3) のきまりが正しいことのせつ明を，8×3 をつかって書きましょう。3 人にせつ明し，なっとくしてもらえたらサインをもらいましょう。

8×3＝24 になる。

(1) かける数を 1 ふやすと 8×4＝32 になる。答えはかけられる数の 8 だけ大きくなっている。
(2) かける数を 1 へらすと 8×2＝16 になる。答えはかけられる数の 8 だけ小さくなっている。
(3) かけられる数とかける数を入れかえると，3×8＝24 になり，8×3 と答えは同じになる。

❷ 〔　〕にあてはまる数を書きましょう。

(1) 8×7 の答えは，8×6 の答えより〔 **8** 〕大きい。
(2) 5×8 の答えは，5×9 の答えより〔 **5** 〕小さい。
(3) 3×6 の答えは，〔 **6** 〕×3 の答えと同じになる。
(4) 3×4＝3×3＋〔 **3** 〕　(5) 9×5＝9×6−〔 **9** 〕
(6) 5×3＝3×〔 **5** 〕

かけ算 2

GOAL: ぜんいんが，かけ算のきまりをせつ明することができる②。

かけ算には，つぎの (1), (2) のきまりがあります。
(1) かけ算では，かけられる数を分けて計算しても，答えは同じになる。
(2) かけ算では，かける数を分けて計算しても，答えは同じになる。

❶ (1), (2) のきまりがそれぞれなり立つことを，自分できめた九九をつかってせつ明を書きましょう。3 人にせつ明し，なっとくしてもらえたらサインをもらいましょう。

(1) 例) 9×5＝45
9 を 4 と 5 に分ける。
4×5＝20
5×5＝25
あわせて 20＋25＝45 になる。

(2) 例) 9×5＝45
5 を 2 と 3 に分ける。
9×2＝18
9×3＝27
あわせて 18＋27＝45 になる。

❷ 〔　〕にあてはまる数を書きましょう。

(1) 7×3 ＜ 5 ×3＝〔 **15** 〕
　　　　　〔 **2** 〕×3＝〔 **6** 〕
　　　　あわせて〔 **21** 〕

(2) 4×8 ＜ 4× 6 ＝〔 **24** 〕
　　　　　4×〔 **2** 〕＝〔 **8** 〕
　　　　あわせて〔 **32** 〕

❸ つぎの〔　〕にあてはまる数を書きましょう。また，見つけ方を 3 人にせつ明し，なっとくしてもらえたらサインをもらいましょう。

(1) 5×〔 **4** 〕＝20　　(2)〔 **9** 〕×6＝54

(1) 5のだんをじゅんに考えて 20になるのはいくつかたしかめる。
(2) 6のだんをじゅんに考えて 54になるのはいくつかたしかめる。

❹ ❸のようなもんだいを作って，友だちと出し合いましょう。

かけ算 3

GOAL: ぜんいんが，10 のかけ算の計算のしかたをせつ明することができる。

❶ 5×10＝50 になります。かけ算のきまりをつかって，この計算のしかたを，2 通りの方ほうで考えましょう。それぞれのつかったかけ算のきまりと，計算のしかたを 3 人にせつ明し，なっとくしてもらえたらサインをもらいましょう。

(1) つかったかけ算のきまり
[かけ算ではかける数が 1 ふえると，答えはかけられる数だけ大きくなる]

[計算のしかた]
5×9＝45
5×10 は 45 よりかける数の 5 だけ大きくなっている。
だから，45＋5＝50。

(2) つかったかけ算のきまり
[かけ算では，かける数を分けて計算しても答えは同じになる]

[計算のしかた]
かける数の 10 を 5 と 5 に分ける。
5×5＝25
5×5＝25
あわせて 25＋25＝50。

❷ 10×3＝30 になります。この計算のしかたを，2 通りの方ほうで考えましょう。1 つ目は「かけ算のきまり」，2 つ目は「10 のまとまり」ということばをつかいましょう。

(1) つかったかけ算のきまり
[かけ算では，かけられる数を分けて計算しても答えは同じになる]

[計算のしかた]
かけられる数の 10 を 5 と 5 に分ける。
5×3＝15
5×3＝15
あわせて，15＋15＝30

(2)「10 のまとまり」ということばをつかう
[10 のまとまりがいくつあるか考える。]

[計算のしかた]
1×3＝3 なので，10 のまとまりは 3 つある。
よって，答えは 30 になる。

❸ かけ算をしましょう。

(1) 10×6＝〔 **60** 〕　(2) 4×10＝〔 **40** 〕

かけ算 4

GOAL: ぜんいんが，10 より大きいかけ算の計算のしかたをせつ明することができる。

❶ 13×3 の計算のしかたを考えます。3 通りの方ほうで考えて書きましょう。3 人にせつ明し，なっとくしてもらえたらサインをもらいましょう。

13×3 は 13 が 3 こあるということなので，
13＋13＋13＝39
と計算をすることができる。

かけ算では，かけられる数を分けて計算しても答えは同じになる。
13 を 10 と 3 に分ける。10×3＝30, 3×3＝9
あわせて 30＋9＝39

かけ算では，かけられる数を分けて計算しても答えは同じになる。
13 を 9 と 4 に分ける。9×3＝27, 4×3＝12
あわせて 27＋12＝39

❷ つぎの計算をしましょう。また，計算のしかたを書きましょう。

(1) 11×4
[計算のしかた]
かけ算では，かけられる数を分けて計算しても答えは同じになる。
11 を 10 と 1 に分ける。
10×4＝40, 1×4＝4
あわせて 40＋4＝44

(2) 12×5
[計算のしかた]
かけ算では，かけられる数を分けて計算しても答えは同じになる。
12 を 10 と 2 に分ける。
10×5＝50, 2×5＝10
あわせて 50＋10＝60

かけ算 5

組　番　氏名

GOAL ぜんいんが，0のかけ算のきまりをせつ明することができる。

❶ おはじき入れをしたら下の表のようになりました。〔　〕にあてはまる数を書きましょう。

[とく点表]

入ったところ（点）	3	2	1	0	合計
入った数（こ）	2	0	3	5	
とく点（点）					

(1) 3点のところに入ったとく点
　3×〔 2 〕=〔 6 〕

(2) 1点のところに入ったとく点
　1×〔 3 〕=〔 3 〕

(3) 2点のところに入ったとく点
　〔 2 〕×〔 0 〕=〔 0 〕

(4) 0点のところに入ったとく点
　〔 0 〕×〔 5 〕=〔 0 〕

(5) 合計とく点　〔 9点 〕

❷ 「どんな数に0をかけても，0にどんな数をかけても答えは0になる」このことがなり立つことを，「かける数」「かけられる数」ということばをつかってせつ明を書きましょう。3人にせつ明し，なっとくしてもらえたらサインをもらいましょう。

おはじき入れのとく点のときのように，2点に1回も入らなかったときは、かけられる数は2、かける数は0で、2×0となり答えは0になる。もし、3点に1回も入らなかったら、3×0=0となる。また、とく点も0点のところに何回入っても0点にしかならない。ひょうでは、かける数0かけられる数5で、0×5=0。もし0点に3回入ったとしても0×3=0で、0になる。

✎友だちのサイン □ □ □

❸ かけ算をしましょう。
(1) 4×0=〔 0 〕　(2) 7×0=〔 0 〕　(3) 0×6=〔 0 〕
(4) 0×9=〔 0 〕　(5) 0×0=〔 0 〕

時こくと時間 1

組　番　氏名

GOAL ぜんいんが，ついた時こくや，かかった時間のもとめ方をせつ明することができる。

❶ 町たんけんで，学校を8時50分に出て，30分歩いて公みん館につきました。公みん館についた時こくをもとめましょう。

ついた時こく（ 9時20分 ）

❷ つぎの時こくや時間をもとめましょう。
(1) 12時45分から35分後の時こく
（ 1時20分 ）

(2) 10時30分から11時10分までの時間
（ 40分 ）

(3) 3時35分から4時20分までの時間
（ 45分 ）

❸ 9時40分に公みん館を出て，図書館に10時5分につきました。公みん館から図書館までかかった時間は何分ですか。かかった時間のもとめ方を，もけいと数直線をつかって3人にせつ明しましょう。なっとくしてもらえたらサインをもらいましょう。

20分たつと10時になり、そこからさらに5分たっているので、20と5をたして25分。

かかった時間（ 25分 ）

✎友だちのサイン □ □ □

時こくと時間 2

組　番　氏名

GOAL ぜんいんが，出た時こくや，あわせた時間のもとめ方をせつ明することができる。

❶ 図書館を出て25分歩いて，公園に10時15分につきました。図書館を出た時こくをもとめましょう。

図書館を出た時こく（ 9時50分 ）

❷ 公園にいた時間は30分，図書館にいた時間は40分です。あわせて何時間何分ですか。もとめましょう。

あわせた時間（ 1時間10分 ）

❸ ❶❷で考えた，出た時こくや，あわせた時間のもとめ方を，もけいや数直線，計算式をつかって3人にせつ明しましょう。なっとくしてもらえたらサインをもらいましょう。

✎友だちのサイン □ □ □

❹ つぎの時こくや時間をもとめましょう。
(1) 4時30分から50分前の時こく
（ 3時40分 ）

(2) 11時10分から20分前の時こく
（ 10時50分 ）

(3) 1時間20分と50分をあわせた時間
（ 2時間10分 ）

時こくと時間 3

組　番　氏名

GOAL ぜんいんが，「秒」をつかって時間をあらわすことができる。

❶ 3～4人でグループを作り，1人ずつこまを回しましょう。回っている時間をストップウォッチではかり，○分△秒ときろくしましょう。

回した人	回っている時間（○分△秒）	回っている時間（秒）

❷ 自分と，グループの人のこまが回っている時間を秒だけになおして，上の表に書きこみましょう。

❸ グループをかえて，❶❷と同じことをもう一度行いましょう。

回した人	回っている時間（○分△秒）	回っている時間（秒）

❹ 分と秒であらわされているものを，秒になおす方ほうを3人にせつ明しましょう。なっとくしてもらえたらサインをもらいましょう。

✎友だちのサイン □ □ □

❺ つぎの〔　〕にあてはまる数字や時間のたんいを書きましょう。
(1) 3分=〔 180 〕秒　(2) 80秒=〔 1 〕分〔 20 〕秒
(3) ・算数のじゅぎょうの時間……………45〔 分 〕
　　・テレビのコマーシャルの時間………15〔 秒 〕
　　・ほうかご，公園で友だちとあそんだ時間……1〔 時間 〕
　　・学校の休み時間……………………25〔 分 〕

長さ ①

組　番　氏名

GOAL ぜんいんが、まきじゃくのめもりの読み方をせつ明することができる。

❶ 長いものの長さをはかるには、まきじゃくをつかうとべんりです。
↓のめもりを読んで、長さを書きましょう。
(1) (**3 m 10 cm**) (2) (**3 m 75 cm**)
(3) (**11 m 50 cm**) (4) (**12 m 15 cm**)

❷ ❶での、めもりの読み方をことばで書きましょう。3人にせつ明し、なっとくしてもらえたらサインをもらいましょう。

> まず、いちばん近い、左がわのmが書いてあるところを読み、何mをかくていさせる。つぎに、大きいめもりを読み、何十cmをかくていさせる。さいごに、小さいめもりを読み、何cmをかくていさせる。

❸ ⑦ 4 m 80cm ⑦ 5 m 25cm の長さをあらわすめもりに、↓をかきましょう。

長さ ②

組　番　氏名

GOAL ぜんいんが、まきじゃくをつかって、みのまわりのものをはかることができる。

❶ (1)～(6)のものをはかるには、⑦ 30cmものさし、⑦ 1mのさし、⑦ まきじゃく、のどれをつかえばべんりか考えて、記号で答えましょう。また、なぜその道具をえらんだか、3人にせつ明し、なっとくしてもらえたらサインをもらいましょう。
(1) 本のたて、横　　(⑦)　(2) つくえのたて、横　(⑦)
(3) 黒板のたて、横　(⑦)　(4) つくえの高さ　　(⑦)
(5) カンのまわり　　(⑦)　(6) ろう下の長さ　　(⑦)

❷ まきじゃくをつかって、教室のたてと横の長さをはかりましょう。
・教室のたての長さ　(　　　　　　　)
・教室の横の長さ　　(　　　　　　　)

❸ まきじゃくをつかって、みのまわりのものの長さをはかりましょう。
はかったもの、見当をつけた長さ、じっさいの長さを書きましょう。

はかったもの	見当をつけた長さ	じっさいの長さ

❹ グループで、10mだと思うところをよそうしてきめましょう。
じっさいに、まきじゃくをつかって長さをはかり、たしかめてみましょう。
気づいたことを書きましょう。

(れい) よそうしていたよりも、いがいと10mは長かった。

長さ ③

組　番　氏名

GOAL ぜんいんが、道のりの意味や、道のりの計算のしかたをせつ明することができる。

1000mを1キロメートルといい、1kmと書きます。
長い道のりなどをあらわすときには、キロメートルのたんいをつかいます。

❶ 〔　〕にあてはまる数を書きましょう。
(1) 1km 50m = 〔 **1050** 〕m　(2) 1700m = 〔 **1** 〕km 〔 **700** 〕m

❷ 道のりときょりのことばのせつ明をそれぞれ書きましょう。
・〔道のり〕　道にそってはかった長さ
・〔きょり〕　まっすぐにはかった長さ

❸ 下の絵地図を見て、もんだいに答えましょう。

(1) ゆたかさんの家から学校までのきょりは何mですか。(**1300 m**)
(2) ゆたかさんの家から学校までの道のりは何km何mですか。(**1km 500 m**)
(3) 学校から公園までの道のりは何km何mですか。(**1km 300 m**)

❹ ❸の道のりの計算のしかたを、3人にせつ明しましょう。なっとくしてもらえたらサインをもらいましょう。

わり算 ①

組　番　氏名

GOAL ぜんいんが、1人分の数をもとめるわり算の、式をせつ明することができる。

❶ 12このあめを、3人で同じ数ずつ分けます。1人分は何こになるでしょうか。
ブロックを動かして、1人分の数をしらべましょう。

〔答え〕　**4こ**

❷ ❶のことを式で「12÷3=4」とあらわすことができます。
この式の、「12」「3」「4」の数字や「÷」の記号はどんなことを意味しているか考えて、書きましょう。

> 12はぜんぶの数。3は人数。4は1人分の数を意味している。
> ÷は分けるということを意味している。

❸ ❶の答えは、九九をつかって見つけることができます。そのりゆうを「1人分の数」「人数」「ぜんぶの数」ということばをつかって書きましょう。3人にせつ明し、なっとくしてもらえたらサインをもらいましょう。

> 1人分の数×人数=ぜんぶの数になる。
> 3をかけて12になるものを見つけると答えになる。

❹ 32dLの水を、8つの入れものに同じりょうずつ入れると、1つの入れものには何dL入りますか。

〔式〕　**32÷8=4**　〔答え〕　**4dL**

わり算 2

___組___番 氏名_____

👑GOAL
ぜんいんが，何人に分けられるかをもとめるわり算の，答えのもとめ方をせつ明することができる。

❶ 18このいちごを，1人に6こずつ分けます。
何人に分けることができるでしょうか。
ブロックを動かして，何人に分けることができるかをしらべましょう。
また，わり算の式と答えを書きましょう。

［式］　18 ÷ 6 = 3　　［答え］　3人

❷ ❶の答えは，6のだんの九九をつかって見つけることができます。そのりゆうを「1人分の数」「人数」「ぜんぶの数」ということばをつかって書きましょう。3人にせつ明し，なっとくしてもらえたらサインをもらいましょう。

1人分の数×人数＝ぜんぶの数になる。1人分の数は6なので，6のだんでかけて18になる数を見つければよい。

✎友だちのサイン

❸ 48cmのテープがあります。8cmずつ切ると，何本になりますか。
(1) 何本に分けることができるか，式を書きましょう。
［式］　48 ÷ 8 = 6
(2) 何のだんの九九をつかって見つけることができますか。
（　8　）のだん
(3) 何本に分けることができますか。（　6本　）

わり算 3

___組___番 氏名_____

👑GOAL
ぜんいんが，1つのわり算の式から2しゅるいのもんだいを作ることができる。

1人分の数をもとめるときも，何人に分けられるかをもとめるときも，どちらもわり算の式になります。

❶ 12 ÷ 4 の式になるもんだいを，2しゅるい作りましょう。

（れい）
12このあめがあります。4人に同じ数ずつくばります。1人分は何こになるでしょうか。

（れい）
12このあめがあります。1人に4こずつくばります。何人にくばれるでしょうか。

❷ 72 ÷ 9 の式になるもんだいを，2しゅるい作りましょう。

（れい）
72このビー玉があります。9ふくろに同じ数ずつ入れます。1ふくろ分は何こになるでしょうか。

（れい）
72このビー玉があります。1ふくろに9こずつ入れます。何ふくろできるでしょうか。

❸ ❶❷で作った2しゅるいのもんだいと，それぞれ何をもとめるわり算になっているかを3人にせつ明し，なっとくしてもらえたらサインをもらいましょう。

✎友だちのサイン

❹ わり算をしましょう。
(1) 45 ÷ 5 = [9]　(2) 21 ÷ 3 = [7]　(3) 28 ÷ 7 = [4]
(4) 27 ÷ 9 = [3]　(5) 42 ÷ 6 = [7]　(6) 18 ÷ 2 = [9]
(7) 24 ÷ 8 = [3]　(8) 25 ÷ 5 = [5]　(9) 56 ÷ 7 = [8]

わり算 4

___組___番 氏名_____

👑GOAL
ぜんいんが，答えが1や0になるわり算や，1でわるわり算の計算をせつ明することができる。

❶ 箱に入っているケーキを，3人で同じ数ずつ分けます。
もんだいにあうように，式と答えを書きましょう。

(1) ケーキが6こ入っているとき，1人分は何こになるかもとめましょう。
［式］　6 ÷ 3 = 2　　［答え］　2こ

(2) ケーキが3こ入っているとき，1人分は何こになるかもとめましょう。
［式］　3 ÷ 3 = 1　　［答え］　1こ

(3) ケーキが1こも入っていないとき，1人分は何こになるかもとめましょう。
［式］　0 ÷ 3 = 0　　［答え］　0こ

❷ わり算には，つぎのようなきまりがあります。
(1) わられる数とわる数が同じとき，答えはいつも1である。
(2) わられる数が0のときは，わる数がどんな数でも答えは0である。
これらのきまりがなり立っていることを，3人にせつ明し，なっとくしてもらえたらサインをもらいましょう。

✎友だちのサイン

❸ わり算をしましょう。
(1) 0 ÷ 6 = [0]　(2) 0 ÷ 9 = [0]　(3) 4 ÷ 1 = [4]
(4) 6 ÷ 1 = [6]　(5) 8 ÷ 8 = [1]　(6) 0 ÷ 5 = [0]
(7) 9 ÷ 9 = [1]　(8) 3 ÷ 1 = [3]　(9) 4 ÷ 4 = [1]

わり算 5

___組___番 氏名_____

👑GOAL
ぜんいんが，(2けた)÷(1けた)の計算のしかたをせつ明することができる。

❶ 40まいの色紙を，2人で同じ数ずつ分けます。
(1) 1人分は何まいになるか，式を書きましょう。
［式］　40 ÷ 2 = 20

(2) 計算のしかたを「10のまとまり」ということばをつかって書きましょう。

10のまとまりがいくつになるかで考えると，4 ÷ 2 = 2 なので，1人分は10のまとまりが2つ。よって，答えは20だとわかる。

❷ 42まいの色紙を，2人で同じ数ずつ分けます。
(1) 1人分は何まいになるか，式を書きましょう。
［式］　42 ÷ 2 = 21

(2) 計算のしかたを「10のまとまり」「ばら」ということばをつかって書きましょう。3人にせつ明し，なっとくしてもらえたらサインをもらいましょう。

42を40と2に分ける。10のまとまりが4つと，ばらが2つになる。
1人分のまい数は，4 ÷ 2 = 2 で10のまとまりが2つで20まい。
ばらの 2 ÷ 2 = 1 で1まい。あわせて21まいになる。

✎友だちのサイン

❸ わり算をしましょう。
(1) 60 ÷ 3 = [20]　(2) 80 ÷ 2 = [40]　(3) 90 ÷ 3 = [30]
(4) 80 ÷ 8 = [10]　(5) 69 ÷ 3 = [23]　(6) 48 ÷ 4 = [12]
(7) 86 ÷ 2 = [43]　(8) 55 ÷ 5 = [11]

121

答え

たし算とひき算 1

組　番　氏名＿＿＿＿＿＿

GOAL　ぜんいんが、3けたのくり上がりのあるたし算の筆算のしかたをせつ明することができる。

❶ 238円のパイと、427円のケーキを買います。代金はいくらですか。
(1) 式を書きましょう。
[式]　238 ＋ 427 ＝ 665

(2) 筆算で答えをもとめましょう。筆算での計算のしかたと、気をつけることを3人にせつ明し、なっとくしてもらえたらサインをもらいましょう。

```
   2 3 8
 + 4 2 7
 ─────
   6 6 5
```
[答え]　665円

[気をつけること]
十の位へのくり上がりを、わすれないように書いておく。

✎ 友だちのサイン

❷ たし算をしましょう。
(1) 126 + 432 = 558
(2) 509 + 70 = 579
(3) 65 + 321 = 386
(4) 326 + 648 = 974
(5) 608 + 283 = 891
(6) 450 + 378 = 828

❸ 筆算で計算しましょう。
(1) 345 + 572 = 917
(2) 764 + 53 = 817
(3) 35 + 809 = 844

たし算とひき算 2

組　番　氏名＿＿＿＿＿＿

GOAL　ぜんいんが、3けたのくり上がりが2回あるたし算の筆算のしかたをせつ明することができる。

❶ 173 ＋ 265、848 ＋ 981 を筆算で計算しましょう。
それぞれの筆算での計算のしかたと、気をつけることを3人にせつ明し、なっとくしてもらえたらサインをもらいましょう。

```
   1 7 3         8 4 8
 + 2 6 5       + 9 8 1
 ─────       ──────
   4 3 8       1 8 2 9
```

[気をつけること]
くり上がりの1をわすれないように書いておく。

✎ 友だちのサイン

❷ たし算をしましょう。
(1) 396 + 408 = 804
(2) 47 + 253 = 300
(3) 674 + 59 = 733
(4) 305 + 597 = 902
(5) 68 + 133 = 201
(6) 457 + 972 = 1429

❸ 筆算で計算しましょう。
(1) 325 + 589 = 914
(2) 784 + 553 = 1337
(3) 945 + 71 = 1016

たし算とひき算 3

組　番　氏名＿＿＿＿＿＿

GOAL　ぜんいんが、3けたのくり下がりのあるひき算の筆算のしかたをせつ明することができる。

❶ 515円もっています。472円のケーキを買うと、何円のこりますか。
(1) 式を書きましょう。
[式]　515 － 472 ＝ 43

(2) 筆算で答えをもとめましょう。筆算での計算のしかたと、気をつけることを3人にせつ明し、なっとくしてもらえたらサインをもらいましょう。

```
    4 10
    5̸ 1 5
  - 4 7 2
  ───
       4 3
```
[答え]　43円

[気をつけること]
百の位からくり下げて5を4にし、十の位の上に10を書いておく。

✎ 友だちのサイン

❷ ひき算をしましょう。
(1) 368 - 232 = 136
(2) 569 - 453 = 116
(3) 652 - 124 = 528
(4) 826 - 341 = 485
(5) 758 - 88 = 670
(6) 453 - 278 = 175

❸ 筆算で計算しましょう。
(1) 406 - 8 = 398
(2) 704 - 53 = 651
(3) 350 - 89 = 261

たし算とひき算 4

組　番　氏名＿＿＿＿＿＿

GOAL　ぜんいんが、百の位からつづけてくり下がりのある、3けたの筆算のしかたをせつ明することができる。

❶ 503 － 287 を筆算で計算しましょう。
筆算での計算のしかたと、気をつけることを3人にせつ明し、なっとくしてもらえたらサインをもらいましょう。

```
    4 9 10
    5̸ 0̸ 3
  - 2 8 7
  ──────
    2 1 6
```

[気をつけること]
3－7はできないので、十の位からくり下げる。十の位は0なので、百の位からくり下げる。十の位は9、一の位の上には10を書く。

✎ 友だちのサイン

❷ ひき算をしましょう。
(1) 606 - 438 = 168
(2) 400 - 53 = 347
(3) 604 - 9 = 595
(4) 305 - 97 = 208
(5) 608 - 239 = 369
(6) 500 - 372 = 128

❸ 筆算で計算しましょう。
(1) 305 - 187 = 118
(2) 704 - 55 = 649
(3) 905 - 8 = 897

たし算とひき算 5

___組___番 氏名___

🏁 GOAL
ぜんいんが，千の位からつづけてくり下がりのある，3けたの筆算のしかたをせつ明することができる。

❶ 238円のパイを買うのに，レジで1000円さつを出しました。おつりはいくらですか。
(1) 式を書きましょう。
[式] 1000 − 238 = 762

(2) 筆算で答えをもとめましょう。筆算での計算のしかたと，気をつけることを3人にせつ明し，なっとくしてもらえたらサインをもらいましょう。

```
  9 9 10
   0 0 0
−  2 3 8
─────────
   7 6 2     [答え] 762円
```

[気をつけること]
千の位からくり下げて，百の位に9，十の位に9，一の位の上に10を書く。

✎ 友だちのサイン

❷ ひき算をしましょう。
(1) 1000 − 738 = 262
(2) 1000 − 536 = 464
(3) 1000 − 97 = 903
(4) 1002 − 395 = 607
(5) 1008 − 39 = 969
(6) 1003 − 7 = 996

❸ 筆算で計算しましょう。
(1) 1000 − 458 = 542
(2) 100 − 78 = 22 …
(3) 1007 − 9 = 998

たし算とひき算 6

___組___番 氏名___

🏁 GOAL
ぜんいんが，4けたのたし算・ひき算の筆算のしかたをせつ明することができる。

❶ 5189 + 1431，3544 − 1987 を筆算で計算しましょう。
それぞれの筆算での計算のしかたと，気をつけることを3人にせつ明し，なっとくしてもらえたらサインをもらいましょう。

```
   5 1 8 9         3 5 4 4
 + 1 4 3 1       − 1 9 8 7
 ─────────       ─────────
   6 6 2 0         1 5 5 7
```

[気をつけること]
同じ位どうしを計算する。
くり上がりや，くり下がりをわすれないように書いておく。

✎ 友だちのサイン

❷ 計算をしましょう。
(1) 4367 + 3934 = 8301
(2) 1962 + 755 = 2717
(3) 7327 + 74 = 7401
(4) 5832 − 2756 = 3076
(5) 8038 − 6539 = 1499
(6) 1473 − 675 = 798

❸ 筆算で計算しましょう。
(1) 347 + 2853

```
     3 4 7
 + 2 8 5 3
 ─────────
   3 2 0 0
```

(2) 5570 − 688

```
   5 5 7 0
 −   6 8 8
 ─────────
   4 8 8 2
```

たし算とひき算 7

___組___番 氏名___

🏁 GOAL
ぜんいんが，暗算のしかたをせつ明することができる。

❶ 43 + 19，76 − 23 の暗算のしかたを考えましょう。それぞれの暗算のしかたのせつ明を式やことばをつかって書きましょう。3人にせつ明し，なっとくしてもらえたらサインをもらいましょう。

[43 + 19]

43を40と3，19を10と9に分ける。40 + 10 = 50，3 + 9 = 12。
あわせて 62 になる。

[76 − 23]

76を70と6，23を20と3に分ける。70 − 20 = 50，6 − 3 = 3。
あわせて 53 になる。

✎ 友だちのサイン

❷ 計算をしましょう。
(1) 24 + 55 = [79]
(2) 17 + 63 = [80]
(3) 32 + 49 = [81]
(4) 57 + 15 = [72]
(5) 53 + 29 = [82]
(6) 48 − 36 = [12]
(7) 54 − 28 = [26]
(8) 82 − 35 = [47]
(9) 56 − 48 = [8]
(10) 96 − 57 = [39]

あまりのあるわり算 1

___組___番 氏名___

🏁 GOAL
ぜんいんが，あまりのあるわり算の計算のしかたをせつ明することができる。

❶ 19このあめを，1人に4こずつ分けます。
(1) 何人に分けることができ，何こあまるでしょうか。式を書きましょう。
[式] 19 ÷ 4

(2) 答えを見つけるためには，4のだんの九九をつかいます。どのように答えを見つけるか，書きましょう。3人にせつ明し，なっとくしてもらえたらサインをもらいましょう。

1人に4こずつ分けるので，何人に分けられるか4のだんをつかって考える。
1人に分けるとき…4 × 1 = 4 あまり15
2人に分けるとき…4 × 2 = 8 あまり11
3人に分けるとき…4 × 3 = 12 あまり7
4人に分けるとき…4 × 4 = 16 あまり3
5人に分けるとき…4 × 5 = 20 19より大きくなってしまう。

✎ 友だちのサイン

(3) 答えを書きましょう。(4人に分けることができ，3こあまる)

❷ 42 ÷ 5 を計算しましょう。
(1) 答えの見つけ方を書きましょう。

5のだんで，42に近い数をさがす。
5 × 8 = 40 あまり2
5 × 9 = 45 42より大きくなってしまう。

(2) 答えはいくつになりますか。 (8 あまり 2)

❸ わり算で，あまりがあるときは「わりきれない」といい，
あまりがないときは「わりきれる」といいます。
わりきれる計算に○，わりきれない計算に△をつけましょう。
(1) 22 ÷ 4 (△)
(2) 64 ÷ 8 (○)
(3) 25 ÷ 6 (△)
(4) 21 ÷ 7 (○)
(5) 23 ÷ 3 (△)
(6) 63 ÷ 9 (○)

答え

あまりのあるわり算 2

組＿＿＿　番＿＿＿　氏名＿＿＿＿＿＿＿＿

GOAL
ぜんいんが，わり算のわる数とあまりのかんけいや，答えのたしかめ方をせつ明することができる。

❶ 17 このクッキーを 4 こずつふくろに入れます。このとき，何ふくろできて，何こあまるかもとめましょう。
［式］ 17 ÷ 4 ＝ 4 あまり 1　　［答え］ 4 ふくろできて，1 こあまる

❷ 「わり算のあまりはいつも，わる数より小さくなる」というきまりがあります。
それはなぜか，りゆうを書きましょう。3 人にせつ明し，なっとくしてもらえたらサインをもらいましょう。

> あまりがわる数より大きければもう一度分けることができるので，あまりはいつもわる数より小さくなる。

✎友だちのサイン ｜　　｜　　｜　　｜

❸ 26 まいのおりがみを 1 人に 6 まいずつ分けました。このとき，わり算の式の答えは，26 ÷ 6 ＝ 4 あまり 2 となります。
このわり算の式の答えは，「6 × 4 ＋ 2 ＝ 26」でたしかめることができます。そのりゆうを書きましょう。3 人にせつ明し，なっとくしてもらえたらサインをもらいましょう。

> 26 は「ぜんぶの数」，6 は 1 人当たりの数，4 は人数，2 はあまりの数。
> ぜんぶの数＝ 1 人当たりの数×人数＋あまりでもとめられるので，6 × 4 ＋ 2 ＝ 26 がたしかめの式になる。

✎友だちのサイン ｜　　｜　　｜　　｜

❹ わり算を計算しましょう。また，（ ）の中には，答えのたしかめを書きましょう。
(1) 25 ÷ 3 ＝ **8 あまり 1**　　　（ **3 × 8 ＋ 1 ＝ 25** ）
(2) 47 ÷ 7 ＝ **6 あまり 5**　　　（ **7 × 6 ＋ 5 ＝ 47** ）
(3) 29 ÷ 9 ＝ **3 あまり 2**　　　（ **9 × 3 ＋ 2 ＝ 29** ）
(4) 51 ÷ 6 ＝ **8 あまり 3**　　　（ **6 × 8 ＋ 3 ＝ 51** ）
(5) 54 ÷ 8 ＝ **6 あまり 6**　　　（ **8 × 6 ＋ 6 ＝ 54** ）

あまりのあるわり算 3

組＿＿＿　番＿＿＿　氏名＿＿＿＿＿＿＿＿

GOAL
ぜんいんが，わり算のもんだいをとき，答えのりゆうをせつ明することができる。

❶ あめが 22 こあります。1 ふくろに 5 こずつあめを入れます。ぜんぶのあめを入れるには，ふくろは何ふくろあればよいでしょうか。式と答えを書きましょう。
［式］ 22 ÷ 5 ＝ 4 あまり 2　　［答え］ 5 ふくろ

❷ ❶の答えになったりゆうを書きましょう。

> 5 こずつ入ったふくろは 4 つできる。ぜんぶのあめを入れるためには，あまった 2 こも 1 ふくろに入れなければならないので，4 ＋ 1 ＝ 5　5 ふくろあればよい。

❸ おまんじゅうが 20 こあります。このおまんじゅうを 6 こずつ箱に入れます。6 こずつおまんじゅうが入った箱はいくつできるでしょうか。式と答えを書きましょう。
［式］ 20 ÷ 6 ＝ 3 あまり 2　　［答え］ 3 箱

❹ ❸の答えになったりゆうを書きましょう。

> 20 ÷ 6 をすると，3 あまり 2 で，6 こ入った箱が 3 つできて，2 こあまっている。6 こずつ入った箱は 3 箱なので，答えは 3 箱。

❺ ❷，❹に書いたことを 3 人にせつ明し，なっとくしてもらえたらサインをもらいましょう。

✎友だちのサイン ｜　　｜　　｜　　｜

❻ 60 ページの本を，1 日 8 ページずつ読みます。読みおわるまでに何日かかりますか。
［式］ 60 ÷ 8 ＝ 7 あまり 4　　［答え］ 8 日

❼ 1 つのかざりを作るために，4 m のリボンがひつようです。26 メートルのリボンからは，かざりはいくつできますか。
［式］ 26 ÷ 4 ＝ 6 あまり 2　　［答え］ 6 つ

大きい数 1

組＿＿＿　番＿＿＿　氏名＿＿＿＿＿＿＿＿

GOAL
ぜんいんが，10000 より大きい数を正しく書いたり，読んだりすることができる。

❶ 42317 について考えます。〔 〕にあてはまる数を書きましょう。

一万の位	千の位	百の位	十の位	一の位
4	2	3	1	7

(1) 42317 の，千の位の数字は〔 2 〕です。
(2) 42317 の，一万の位の数字は〔 4 〕です。
(3) 42317 は，一万を〔 4 〕こ，千を〔 2 〕こ，百を〔 3 〕こ，十を〔 1 〕こ，一を〔 7 〕こあわせた数です。

❷ つぎの数を数字で書きましょう。書いたものを 3 人に見せ，数を読みましょう。
正しく書け，正しく読むことができていたらサインをもらいましょう。
(1) 六万九千五百六十八　　（ 69568 ）
(2) 七万八百二十五　　（ 70825 ）
(3) 八万二千四百　　（ 82400 ）
(4) 五万三十　　（ 50030 ）
(5) 一万を 6 こ，千を 7 こ，百を 2 こあわせた数　　（ 67200 ）
(6) 一万を 4 こ，千を 9 こ，百を 8 こ，一を 1 こあわせた数
　　　　　　　　　　　　　　（ 49801 ）
(7) 一万を 7 こ，十を 7 こあわせた数　　（ 70070 ）

✎友だちのサイン ｜　　｜　　｜　　｜

大きい数 2

組＿＿＿　番＿＿＿　氏名＿＿＿＿＿＿＿＿

GOAL
ぜんいんが，千万の位までの数を正しく書いたり，読んだりすることができる。

❶ 67850432 について考えます。つぎのもんだいに答えましょう。

千	百	十	一	千	百	十	一
			万				
6	7	8	5	0	4	3	2

(1) 8 は何の位の数字ですか。　（ 十万の位 ）
(2) 千万の位の数字は何ですか。　（ 6 ）
(3) 読み方を漢字で書きましょう。
　　（ 六千七百八十五万四百三十二 ）
(4) 〔 〕にあてはまる数を書きましょう。
67850432 は，千万を〔 6 〕こ，百万を〔 7 〕こ，十万を〔 8 〕こ，一万を〔 5 〕こ，千を 0 こ，百を 4 こ，十を 3 こ，一を 2 こあわせた数です。

❷ つぎの数を数字で書きましょう。書いたものを 3 人に見せ，数を読みましょう。
正しく書け，正しく読むことができていたらサインをもらいましょう。
(1) 五十二万四千三百八十七　　（ 524387 ）
(2) 八千百九十万六千四百二　　（ 81906402 ）
(3) 二千六十五万九十　　（ 20650090 ）
(4) 100 万を 9 こ集めた数　　（ 9000000 ）
(5) 100 万を 6 こ，10 万を 2 こ，1000 を 8 こあわせた数　　（ 6208000 ）
(6) 1000 万を 5 こ，1 万を 3 こ，100 を 7 こあわせた数　　（ 50030700 ）

✎友だちのサイン ｜　　｜　　｜　　｜

大きい数 3

組　番　氏名

GOAL ぜんいんが, 大きい数について, 1000 を何こ集めたというあらわし方ができる。

❶ 1000 を 35 こ集めた数は 35000 です。このりゆうを書きましょう。

　　1000 を 10 こあつめた数が 10000 になるので, 1000 を 30 こあつめた数は 30000。
　　1000 を 5 つあつめた数は 5000。あわせて 35000 になる。

❷ 12000 は, 1000 を 12 こ集めた数です。このりゆうを書きましょう。

　　12000 を 10000 と 2000 に分ける。1000 を 10 こ集めると 10000。1000 を 2 こ集
　　めると 2000。あわせて, 12 こあつめたことになる。

❸ ❶❷に書いたことを 3 人にせつ明し, なっとくしてもらえたらサインをもらいましょう。

　　友だちのサイン

❹ つぎの数を書きましょう。

(1) 1000 を 42 こ集めた数　　　　　(　42000　)
(2) 1000 を 68 こ集めた数　　　　　(　68000　)
(3) 1000 を 973 こ集めた数　　　　 (　973000　)
(4) 37000 は, 1000 を何こ集めた数ですか。(　37 こ　)
(5) 82000 は, 1000 を何こ集めた数ですか。(　82 こ　)
(6) 54000 は, 1000 を何こ集めた数ですか。(　54 こ　)

大きい数 4

組　番　氏名

GOAL ぜんいんが, 数直線上の数を読んだり, 数直線上に数をあらわしたりすることができる。

❶ 数直線を読み, もんだいに答えましょう。

　　　⑦　26000　⑦　　　　54000

(1) いちばん小さい 1 めもりは, いくつですか。(　1000　)
(2) ⑦, ⑦のめもりがあらわす数を書きましょう。
　　⑦ (　17000　)　⑦ (　33000　)
(3) 26000, 54000 をあらわすめもりに↑を書きましょう。

❷ 一億とはどんな数か, せつ明を書きましょう。

　　千万を 10 こ集めた数。

❸ 下の数直線の□にあてはまる数を書きましょう。なぜ, その数が入ると考えたのか,
3 人にせつ明し, なっとくしてもらえたらサインをもらいましょう。

(1) 7000 万　　(2) 9000 万
6000 万　　　　8000 万　　　　1 億

(3) 9700 万　　(4) 1 億
9800 万　9900 万　　1 億 100 万

友だちのサイン

大きい数 5

組　番　氏名

GOAL ぜんいんが, 大きい数の大小をくらべたり, いろいろな見方であらわしたりすることができる。

❶ 数の大小をくらべると, 以下のようにあらわすことができます。なぜこのようにあらわすことができるのでしょうか。そのりゆうと, それぞれの記号の意味を書きましょう。

(1) 7000 > 6000 [りゆう] 千の位をくらべると, 7 のほうが 6 より大きい。
(2) 5000 = 3000 + 2000 [りゆう] しきを計算すると 5000 になり, 同じになる。
(3) 140000 − 80000 < 70000 [りゆう] しきを計算すると 60000 になる。
　　　　　　　　　　　　　　　　　一万の位をくらべると, 7 のほうが大きい。

❷ 160000 について, 3 つの見方で書きましょう。
[れい] 100000 と 60000 をあわせた数。
① 150000 より 10000 大きい数。
② 200000 より 40000 小さい数。
③ 10000 を 16 こ集めた数。

❸ ❶❷に書いたことを 3 人にせつ明し, なっとくしてもらえたらサインをもらいましょう。

友だちのサイン

❹ □にあてはまる等号, 不等号を書きましょう。

(1) 30000 > 20000　(2) 40000 + 50000 = 90000
(3) 900 万 − 400 万 < 600 万

❺ 280000 について考えます。〔　〕にあてはまる数を書きましょう。

(1) 200000 と〔 80000 〕をあわせた数
(2) 250000 より〔 30000 〕大きい数
(3) 300000 より〔 20000 〕小さい数
(4) 10000 を〔 28 〕こ集めた数

大きい数 6

組　番　氏名

GOAL ぜんいんが, 10 倍, 100 倍した数のあらわし方をせつ明することができる。

❶ 1 こ 30 円のあめを 10 こ買うと, 代金はいくらになりますか。

[式] 30 × 10 = 300　[答え] 300 円

❷ 「数を 10 倍すると, 位が 1 つ上がって, もとの数の右に 0 を 1 こつけた数になる。また, 100 倍すると, 位が 2 つ上がって, もとの数の右に 0 を 2 こつけた数になる」というきまりがあります。このきまりが成り立つことを, 30 の 10 倍, 100 倍した数をつかってせつ明します。それぞれのもとめ方を書きましょう。書いたことを 3 人にせつ明し, なっとくしてもらえたらサインをもらいましょう。

[30 × 10]
30 × 10 は, 10 のまとまりが 30 こ。
10 のまとまりが 10 こで, 100 なので,
30 こで 300 になる。答えの 300 は
30 の右に 0 を 1 こつけた数である。

[30 × 100]
100 倍だから, 10 のまとまりが 10 あればよい。300 × 10 をしてもとめる。100 のまとまりで考えると, 3 × 10 = 30 なので, 100 のかたまりが 30。100 のかたまりが 10 こで 1000 なので, 30 こで 3000。30 の右に 0 を 2 こつけた数である。

友だちのサイン

❸ つぎの数を 10 倍, 100 倍した数を書きましょう。

(1) 70　　10 倍 (　700　)　100 倍 (　7000　)
(2) 34　　10 倍 (　340　)　100 倍 (　3400　)
(3) 430　 10 倍 (　4300　)　100 倍 (　43000　)
(4) 896　 10 倍 (　8960　)　100 倍 (　89600　)
(5) 502　 10 倍 (　5020　)　100 倍 (　50200　)

答え

大きい数 7

____組____番 氏名_____

GOAL
ぜんいんが，10でわった数のあらわし方をせつ明することができる。

❶ 400まいのシールがあります。10人で同じ数ずつ分けると，1人分は何まいになりますか。

[式]   400 ÷ 10 = 40   [答え]   40まい

❷ 「一の位が0の数を10でわると，位が1つ下がり，一の位の0をとった数になる」というきまりがあります。このきまりが成り立つことを，400を10でわった数をつかってせつ明します。400 ÷ 10のとき方を書きましょう。書いたことを3人にせつ明し，なっとくしてもらえたらサインをもらいましょう。

[400 ÷ 10]

ぜんぶの数÷人数＝1人分の数になる。
1人分の数×人数＝ぜんぶの数となるので，10倍して400になる数をさがすと，答えは40とわかる。答えの40は，400から一の位の0をとった数になっている。

友だちのサイン

❸ つぎの数を10でわった数を書きましょう。

(1) 70 (**7**)　　(2) 300 (**30**)
(3) 480 (**48**)　　(4) 240 (**24**)
(5) 20 (**2**)　　(6) 600 (**60**)
(7) 730 (**73**)　　(8) 170 (**17**)
(9) 860 (**86**)　　(10) 590 (**59**)

かけ算の筆算 1

____組____番 氏名_____

GOAL
ぜんいんが，（何十）×（1けた），（何百）×（1けた）のかけ算の計算のしかたをせつ明することができる。

❶ 1こ30円のあめを4こ買うと，代金は120円でした。
30 × 4 = 120になります。この計算のしかたを「10のまとまり」ということばをつかって書きましょう。

[計算のしかた]

10のまとまりが何こあるかで考える。30は10のまとまりが3つ。あめを4こ買ったので，3 × 4 = 12。10のまとまりは12こ。12を10と2に分ける。10のまとまりが10で100。10のまとまりが2こで20。あわせて120になる。

❷ 1こ800円のぬいぐるみを3こ買うと，代金は2400円でした。
800 × 3 = 2400になります。この計算のしかたを「100のまとまり」ということばをつかって書きましょう。

[計算のしかた]

100のまとまりが何こあるかで考える。800は100のまとまりが8つ。ぬいぐるみを3こ買ったので，8 × 3 = 24。100のまとまりは24こ。24を20と4に分ける。100が10こで1000なので，100が20こでは2000。100のまとまりが4こで400。あわせて2400になる。

❸ ❶❷に書いたことを3人にせつ明し，なっとくしてもらえたらサインをもらいましょう。

友だちのサイン

❹ かけ算をしましょう。

(1) 30 × 2 = (**60**)　　(2) 70 × 8 = (**560**)
(3) 80 × 5 = (**400**)　　(4) 200 × 3 = (**600**)
(5) 900 × 7 = (**6300**)　　(6) 600 × 5 = (**3000**)

かけ算の筆算 2

____組____番 氏名_____

GOAL
ぜんいんが，（2けた）×（1けた）のかけ算の，筆算のしかたをせつ明することができる。

❶ (1) 24 × 2　(2) 27 × 3の筆算のしかたを考えましょう。
それぞれ，なぜそのような筆算のしかたになるか，くり上がりの数をわすれないようにどのようにくふうするか，3人にせつ明し，なっとくしてもらえたらサインをもらいましょう。

[筆算のしかた]

```
    2 4          2 7
  ×   2        ×   3
    4 8          8 1
```

24を20と4に分ける。
4 × 2 = 8なので，一の位に8を書く。
20 × 2 = 40なので，十の位に4を書く。
40と8をあわせて48になる。

27を20と7に分ける。
7 × 3 = 21なので，一の位に1を書き，20を十の位にくり上げる。
このとき，十の位の上に2を書いておく。20 × 3 = 60，くり上げた20とあわせて，80なので十の位に8を書く。
80と1をあわせて81になる。

友だちのサイン

❷ かけ算をしましょう。

(1) 33 × 3 = **99**　(2) 21 × 4 = **84**　(3) 14 × 2 = **28**
(4) 20 × 3 = **60**　(5) 13 × 4 = **52**　(6) 46 × 2 = **92**
(7) 38 × 2 = **76**　(8) 18 × 5 = **90**

かけ算の筆算 3

____組____番 氏名_____

GOAL
ぜんいんが，（2けた）×（1けた）で，くり上がりのあるかけ算の，筆算のしかたをせつ明することができる①。

❶ (1) 63 × 2　(2) 38 × 7の筆算のしかたを考えましょう。
それぞれ，なぜそのような筆算のしかたになるか，くり上がりの数をわすれないようにどのようにくふうするか，3人にせつ明し，なっとくしてもらえたらサインをもらいましょう。

[筆算のしかた]

```
    6 3          3 8
  ×   2        ×   7
  1 2 6        2 6 6
```

63を60と3に分ける。3 × 2 = 6なので，一の位に6を書く。60 × 2 = 120なので，100を百の位にくり上げて，十の位に2を書く。百の位に1を書く。100と20と6をあわせて126になる。

38を30と8に分ける。8 × 7 = 56なので，50は十の位にくり上げ，一の位に6を書く。30 × 7 = 210，くり上げた50とたして260。200を百の位を書く。十の位に6を書く。200と60と6をあわせて266になる。

友だちのサイン

❷ かけ算をしましょう。

(1) 82 × 4 = **328**　(2) 71 × 7 = **497**　(3) 50 × 6 = **300**
(4) 46 × 3 = **138**　(5) 89 × 4 = **356**　(6) 36 × 8 = **288**
(7) 74 × 9 = **666**　(8) 45 × 6 = **270**

かけ算の筆算 4

___組___番 氏名_____

👑GOAL
ぜんいんが、(2けた)×(1けた)で、くり上がりのあるかけ算の、筆算のしかたをせつ明することができる②。

❶ (1) 19×6 (2) 69×8 の筆算のしかたを考えましょう。
それぞれ、なぜそのような筆算のしかたになるか、くり上がりの数をわすれないようにどのようにくふうするか、3人にせつ明し、なっとくしてもらえたらサインをもらいましょう。

[筆算のしかた]

```
    1 9              6 9
  ×   6            ×   8
  1 1 4            5 5 2
```

19を10と9に分ける。9×6＝54なので、50を十の位にくり上げて、一の位に4を書く。10×6＝60なので、くり上げた50とあわせて110。百の位にくり上げて、十の位に1を書く。百の位に1を書く。100と10と4をあわせて114になる。

69を60と9に分ける。9×8＝72なので、70は十の位にくり上げ、一の位に2を書く。60×8＝480、くり上げた70とたして550。500を百の位にくり上げて、十の位に5を書く。百の位に5を書く。500と50と2をあわせて552になる。

✏️友だちのサイン [　] [　] [　]

❷ かけ算をしましょう。

```
(1)    3 8    (2)    2 9    (3)    1 7
     ×   3         ×   4         ×   6
     1 1 4         1 1 6         1 0 2

(4)    2 6    (5)    8 7    (6)    4 9
     ×   4         ×   6         ×   7
     1 0 4         5 2 2         3 4 3

(7)    3 4    (8)    7 2
     ×   9         ×   7
     3 0 6         5 0 4
```

かけ算の筆算 5

___組___番 氏名_____

👑GOAL
ぜんいんが、(3けた)×(1けた)のかけ算の、筆算のしかたをせつ明することができる。

❶ (1) 231×3 (2) 197×4 の筆算のしかたを考えましょう。
それぞれ、なぜそのような筆算のしかたになるか、くり上がりの数をわすれないようにどのようにくふうするか、3人にせつ明し、なっとくしてもらえたらサインをもらいましょう。

[筆算のしかた]

```
    2 3 1            1 9 7
  ×     3          ×     4
    6 9 3            7 8 8
```

231を200と30と1に分ける。1×3＝3なので、一の位に3を書く。30×3＝90なので、十の位に9を書く。200×3＝600なので、百の位に6を書く。あわせて693になる。

197を100と90と7に分ける。7×4＝28なので、一の位に8を書く。90×4＝360、くり上げた20をたして380なので、300を百の位にくり上げて、十の位に8を書く。100×4＝400、くり上げた300をたして700なので、百の位に7を書く。あわせて788になる。

✏️友だちのサイン [　] [　] [　]

❷ かけ算をしましょう。

```
(1)  4 2 3    (2)  3 1 9    (3)  2 1 5
   ×     2       ×     3       ×     4
     8 4 6         9 5 7         8 6 0

(4)  2 7 2    (5)  1 6 2    (6)  1 5 9
   ×     3       ×     4       ×     6
     8 1 6         6 4 8         9 5 4

(7)  2 8 4    (8)  1 6 8
   ×     3       ×     5
     8 5 2         8 4 0
```

かけ算の筆算 6

___組___番 氏名_____

👑GOAL
ぜんいんが、(3けた)×(1けた)で、くり上がりのあるかけ算の、筆算のしかたをせつ明することができる。

❶ (1) 754×6 (2) 629×4 の筆算のしかたを考えましょう。
それぞれ、なぜそのような筆算のしかたになるか、くり上がりの数をわすれないようにどのようにくふうするか、3人にせつ明し、なっとくしてもらえたらサインをもらいましょう。

[筆算のしかた]

```
    7 5 4            6 2 9
  ×     6          ×     4
  4 5 2 4          2 5 1 6
```

754を700と50と4に分ける。4×6＝24なので、20を十の位にくり上げて、一の位に4を書く。50×6＝300、くり上げた20とたして320。300を百の位にくり上げて、十の位に2を書く。700×6＝4200、くり上げた300とたして、4500。4000を千の位にくり上げて、百の位に5を書く。千の位に4を書く。あわせて4524になる。

629を600と20と9に分ける。9×4＝36なので、30を十の位にくり上げて、一の位に6を書く。20×4＝80、くり上げた30をたして110。100は百の位にくり上げて、十の位に1を書く。600×4＝2400、くり上げた100とたして2500。2000を千の位にくり上げて、百の位に5を書く。千の位に2を書く。あわせて2516になる。

✏️友だちのサイン [　] [　] [　]

❷ かけ算をしましょう。

```
(1)  9 2 3    (2)  4 0 5    (3)  9 6 0
   ×     3       ×     8       ×     4
   2 7 6 9       3 2 4 0       3 8 4 0

(4)  6 5 3    (5)  1 5 9    (6)  8 3 6
   ×     9       ×     7       ×     3
   5 8 7 7       1 1 1 3       2 5 0 8

(7)  3 8 4    (8)  2 7 5
   ×     6       ×     4
   2 3 0 4       1 1 0 0
```

かけ算の筆算 7

___組___番 氏名_____

👑GOAL
ぜんいんが、かけ算のきまりをつかって、くふうして計算をすることができる。

❶ 1こ65円のプリンが、3こずつパックになっています。
2パック買いました。
代金をもとめる式は、65×3×2です。

「3つのかけ算では、はじめの2つの数を先に計算しても、あとの2つの数を先に計算しても、答えは同じになる」というきまりがあります。このきまりが成り立っていることのせつ明を、プリンの代金を2通りの方ほうでもとめて書きましょう。3人にせつ明し、なっとくしてもらえたらサインをもらいましょう。

先に1パックあたりの代金をもとめると、式は (65×3)×2 となる。
(65×3)×2 ＝ 195×2
　　　　　 ＝ 390
先にプリンの数をもとめると、式は 65×(3×2) となる。
65×(3×2) ＝ 65×6
　　　　　 ＝ 390
どちらも390で答えは同じになっている。

✏️友だちのサイン [　] [　] [　]

❷ 〔　〕にあてはまる数を書きましょう。
(1) (80×2)×4 ＝ 80×(2×〔 4 〕)
(2) (235×3)×2 ＝ 〔 235 〕×(3×2)

❸ くふうして計算しましょう。

(1) 70×2×2 ＝ **70×4**
　　　　　　＝ **280**

(2) 40×3×3 ＝ **40×9**
　　　　　　＝ **360**

(3) 364×2×5 ＝ **364×10**
　　　　　　 ＝ **3640**

(4) 120×3×2 ＝ **120×6**
　　　　　　 ＝ **720**

127

答え

かけ算の筆算 8

___組___番 氏名_____

GOAL ぜんいんが，倍の大きさをもとめる計算のしかたをせつ明することができる。

❶ 赤いテープの長さは 120cmです。青いテープの長さは，赤いテープの長さの 3 倍です。

青いテープの長さをもとめる式は，120 × 3 になります。
倍の大きさをもとめるときには，かけ算をつかいます。なぜかけ算をつかうか，せつ明を書きましょう。3 人にせつ明し，なっとくしてもらえたらサインをもらいましょう。

○○倍というのは，○○こ分あるという意味なので，120 cmの 3 倍ということは，120 cmが 3 こ分あるということ。だから，かけ算でもとめることができる。

✏️ 友だちのサイン

❷ つぎの文を読んで，もんだいに答えましょう。
(1) ただしさんは，きのう，本を 18 ページ読みました。今日はきのうの 2 倍読みました。今日は何ページ読みましたか。

[式]　18 × 2 = 36　　[答え]　36 ページ

(2) 1こ 115 円のおかしがあります。ケーキのねだんは，おかしのねだんの 4 倍です。ケーキのねだんはいくらですか。

[式]　115 × 4 = 460　　[答え]　460 円

かけ算の筆算 9

___組___番 氏名_____

GOAL ぜんいんが，何倍かをもとめる計算のしかたをせつ明することができる。

❶ あつしさんはロープを 27 m，妹は 9 mもっています。

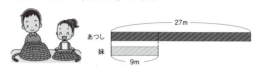

あつしさんのロープは妹の何倍かをもとめる式は，27 ÷ 9 になります。
何倍かをもとめるときには，わり算をつかいます。なぜわり算をつかうか，せつ明を書きましょう。3 人にせつ明し，なっとくしてもらえたらサインをもらいましょう。

何倍かをもとめるということは，いくつ分かをもとめるということになる。
このもんだいでは，9 mのロープがいくつ分かをもとめればよい。
だから，27 mのロープを 9 mずつに分ければ，いくつ分かがわかる。
よって 27 ÷ 9 で，わり算で何倍かがわかる。

✏️ 友だちのサイン

❷ つぎの文を読んで，もんだいに答えましょう。
(1) 色紙を,姉は 35 まい,妹は 7 まい持っています。姉は,妹の何倍持っていますか。

[式]　35 ÷ 7 = 5　　[答え]　5 倍

(2) けんたさんは 8 さいで，おばあさんは 64 さいです。おばあさんの年れいは，けんたさんの年れいの何倍ですか。

[式]　64 ÷ 8 = 8　　[答え]　8 倍

小数 1

___組___番 氏名_____

GOAL ぜんいんが，はしたの大きさを小数であらわすことができる。

❶ つぎの水のかさを，小数をつかってあらわし，読み方も書きましょう。
また，なぜそうあらわせるのか，「はした」「めもり」ということばをつかって書きましょう。
3 人にせつ明し，なっとくしてもらえたらサインをもらいましょう。

水のかさ　（　1.7　）L
読みかた　（一てん七リットル）

水のかさは 1 Lとはしたに分けられる。はしたは 10 等分したのもりの 7 めもり分の水が入っている。1 Lを 10 等分した 1 こ分のかさが 0.1 Lなので，はしたのかさは 0.7 Lになる。1 Lと 0.7 Lをあわせて，1.7 Lになる。

✏️ 友だちのサイン

❷ つぎの水のかさを，小数をつかってあらわしましょう。また，0.1 Lが何こ分か書きましょう。

水のかさ　（　0.8　）L
0.1 Lが（　8　）こ分

❸ つぎの水のかさだけ色をぬりましょう。
(1) 1.5 L　　(2) 0.6 L

❹ つぎのかさは何Lになるか，書きましょう。
(1) 0.1 Lを 2 こ集めたかさ　　(2) 0.1 Lを 10 こ集めたかさ
　　（　0.2 L　）　　　　　　　（　1 L　）

小数 2

___組___番 氏名_____

GOAL ぜんいんが，長さやかさを小数であらわすことができる。

❶ 小数とはどんな数ですか。また，整数とはどんな数ですか。それぞれせつ明を書きましょう。
・小数（　1.4 や 3.6 のような小数点のある数　）
・整数（　0，1，2，3，…のような小数点のない数　）

❷ つぎの数を，整数と小数に分けましょう。
0.5, 7, 23, 9.8

整数（　7, 23　）　　小数（　0.5, 9.8　）

❸ つぎの図の左はしから，(1)，(2)，(3) までの長さを，cmをつかってあらわしましょう。
また，なぜそうあらわすことができるか，1mmが何cmなのかを考えて書きましょう。
3 人にせつ明し，なっとくしてもらえたらサインをもらいましょう。

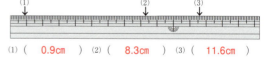

(1) （　0.9cm　）　(2) （　8.3cm　）　(3) （　11.6cm　）

[あらわし方のせつ明]

1mmは 1cmを 10 等分したうちの 1 つ分である。よって，1mmは 0.1cmとあらわせる。
(1) は 9 なので 0.9cm，(2) は 8cm 3mmなので 8.3cm，(3) は 11cm 6mmなので 11.6cmになる。

✏️ 友だちのサイン

❹ つぎの〔　〕にあてはまる数を書きましょう。
(1) 14cm 5mm=〔　14.5　〕cm　(2) 3.8cmは，0.1cmの〔　38　〕こ分
(3) 8dL=〔　0.8　〕L

小数 ③

組　番　氏名＿＿＿＿＿

👑 GOAL
ぜんいんが，数直線上の小数を読んだり，あらわしたりすることができる。

❶ 数直線上の，(1)，(2) のめもりがあらわすかさは，それぞれ何 L か書きましょう。
また，なぜそのかさであるといえるのか，いちばん小さいめもりは，どんな大きさをあらわしているか考えて書きましょう。3 人にせつ明し，なっとくしてもらえたらサインをもらいましょう。

(1) (　0.6 L　)　　(2) (　2.4 L　)

［ あらわし方のせつ明 ］

10 こ目のめもりで 1 になっているので，いちばん小さい 1 めもりは 0.1 をあらわしている。(1) は小さいめもり 6 こ分で 0.6 L，(2) は 2 から小さいめもり 4 こ分で 2.4 L になる。

✏️友だちのサイン ｜　｜　｜　｜

❷ 上の数直線で，0.4 L，2.8 L をあらわすめもりに ↑ をかきましょう。

❸ 0 と 1，1 と 2 の間をそれぞれ 10 等分してめもりをかき，数直線を作りましょう。
また，1.3 をあらわすめもりに ↑ をかきましょう。

❹ 〔　〕にあてはまる数を書きましょう。
(1) 3.2 は 0.1 を〔　32　〕こ集めた数です。
(2) 0.1 を 18 こ集めた数は〔　1.8　〕です。

小数 ④

組　番　氏名＿＿＿＿＿

👑 GOAL
ぜんいんが，小数のしくみや大小のくらべ方をせつ明することができる。

❶ 256.3 は 100，10，1，0.1 をそれぞれ何こあわせた数か書きましょう。
100 が (　2　) こ
10 が (　5　) こ
1 が (　6　) こ
0.1 が (　3　) こ

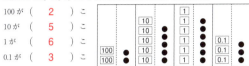

❷ 256.3 の 2，5，6，3 はそれぞれ何の位の数字か書きましょう。
2…(　百の位　)．5…(　十の位　)．6…(　一の位　)．
3…(　小数第一位　)

❸ 〔　〕にあてはまる数を書きましょう。
(1) 63.8 は，10 を〔　6　〕こ，1 を〔　3　〕こ，0.1 を〔　8　〕こあわせた数です。
(2) 45.3 の小数第一位の数字は〔　3　〕です。

❹ 5.9 と 6.2 はどちらが大きいでしょうか。不等号をつかってあらわしましょう。
また，大小のくらべ方を書き，3 人にせつ明し，なっとくしてもらえたらサインをもらいましょう。

［ くらべ方のせつ明 ］

5.9　<　6.2　　5.9 は，0.1 が 59 こ分，6.2 は 0.1 が 62 こ分だから 6.2 の方が大きい。大きさをくらべるときには，位の大きいじゅんにくらべればよい。一の位どうしをくらべると，5 と 6 なので，6.2 の方が 5.9 より大きい。

✏️友だちのサイン ｜　｜　｜　｜

❺ 〔　〕にあてはまる不等号を書きましょう。
(1) 0.8 〔　>　〕0.7　(2) 0.9 〔　<　〕1　(3) 0.3 〔　>　〕0

小数 ⑤

組　番　氏名＿＿＿＿＿

👑 GOAL
ぜんいんが，小数のたし算・ひき算をすることができる。

❶ 0.6 L ＋ 0.2 L の計算をしましょう。式，答え，計算のしかたを書きましょう。

［式］　0.6 ＋ 0.2 ＝ 0.8
［答え］　0.8 L

［ 計算のしかたのせつ明 ］

0.6 L は 0.1 が 6 こ分，0.2 L は 0.1 が 2 こ分。6 ＋ 2 ＝ 8 だから，あわせて 0.1 は 8 こ分になる。よって，答えは 0.8 L になる。

❷ 0.6 L ー 0.2 L の計算をしましょう。式，答え，計算のしかたを書きましょう。

［式］　0.6 ー 0.2 ＝ 0.4　　［答え］　0.4 L

［ 計算のしかたのせつ明 ］

0.6 L は 0.1 が 6 こ分，0.2 L は 0.1 が 2 こ分。6 ー 2 ＝ 4 だから，のこりは 0.1 の 4 こ分になる。よって，答えは 0.4 L になる。

❸ ❶❷の計算のしかたを 3 人にせつ明し，なっとくしてもらえたらサインをもらいましょう。

✏️友だちのサイン ｜　｜　｜　｜

❹ つぎの計算をしましょう。
(1) 0.2 ＋ 0.4 ＝ **0.6**　　(2) 0.3 ＋ 1.5 ＝ **1.8**　　(3) 0.7 ＋ 0.3 ＝ **1**
(4) 2 ＋ 0.6 ＝ **2.6**　　(5) 0.4 ＋ 3 ＝ **3.4**　　(6) 0.8 ＋ 0.6 ＝ **1.4**
(7) 0.7 ー 0.4 ＝ **0.3**　　(8) 1.9 ー 0.5 ＝ **1.4**　　(9) 1 ー 0.2 ＝ **0.8**
(10) 1.8 ー 1 ＝ **0.8**　　(11) 3.9 ー 3 ＝ **0.9**　　(12) 1.4 ー 0.7 ＝ **0.7**

小数 ⑥

組　番　氏名＿＿＿＿＿

👑 GOAL
ぜんいんが，小数のたし算とひき算の筆算をすることができる①。

❶ 3.8 ＋ 1.3 を筆算で計算しましょう。また，筆算での計算のしかたを書きましょう。

```
   3.8
 + 1.3
 ─────
   5.1
```

［ 筆算での計算のしかた ］
位をそろえて書き，整数のたし算と同じように計算し，上の小数点にそろえて，答えの小数点をうつ。

❷ 3.4 ー 1.8 を筆算で計算しましょう。また，筆算での計算のしかたを書きましょう。

```
   3.4
 - 1.8
 ─────
   1.6
```

［ 筆算での計算のしかた ］
位をそろえて書き，整数のひき算と同じように計算し，上の小数点にそろえて，答えの小数点をうつ。

❸ ❶❷の筆算での計算のしかたを 3 人にせつ明し，なっとくしてもらえたらサインをもらいましょう。

✏️友だちのサイン ｜　｜　｜　｜

❹ つぎの計算を筆算でしましょう。

(1)
```
   1.7
 + 2.9
 ─────
   4.6
```

(2)
```
   7.2
 - 2.4
 ─────
   4.8
```

(3)
```
   5.2
 - 1.7
 ─────
   3.5
```

(4) 1.6 ＋ 2.2
```
   1.6
 + 2.2
 ─────
   3.8
```

(5) 2.8 ＋ 3.7
```
   2.8
 + 3.7
 ─────
   6.5
```

(6) 3.5 ＋ 4.9
```
   3.5
 + 4.9
 ─────
   8.4
```

(7) 4.9 ー 3.6
```
   4.9
 - 3.6
 ─────
   1.3
```

(8) 7.3 ー 2.7
```
   7.3
 - 2.7
 ─────
   4.6
```

答え

小数 7

組　番　氏名_____

GOAL ぜんいんが，小数のたし算とひき算の筆算をすることができる②。

❶ 1.4 + 2.6 を筆算で計算しましょう。また，筆算での計算のしかたを書きましょう。

```
  1.4
+ 2.6
  4.0
```
[筆算での計算のしかた]
位をそろえて整数と同じように計算し，答えの小数点をうつと 4.0 になる。小数第一位の 0 は消して，答えは 4 となる。

❷ 9 − 3.7 を筆算で計算しましょう。また，筆算での計算のしかたを書きましょう。

```
  9
− 3.7
  5.3
```
[筆算での計算のしかた]
9 は 9.0 と考えて，位をそろえて整数と同じように計算し，答えの小数点をうつと 5.3 になる。

❸ ❶❷の筆算での計算のしかたを 3 人にせつ明し，なっとくしてもらえたらサインをもらいましょう。　✎友だちのサイン

❹ つぎの計算を筆算でしましょう。

(1) 3.5 + 4.5 = **8.0**　(2) 5.5 − 4.7 = **0.8**　(3) 8 − 2.5 = **5.5**

(4) 3.8 + 5.2 = **9.0**　(5) 6 + 2.3 = **8.3**　(6) 5.7 + 14 = **19.7**

(7) 16 − 1.4 = **14.6**　(8) 8.7 − 3 = **5.7**

小数 8

組　番　氏名_____

GOAL ぜんいんが，小数をいろいろな見方でせつ明することができる。

❶ 4.7 とはどのような数ですか。〔　　〕にあてはまる数を書きましょう。

(1) 4.7 は，4 と〔 **0.7** 〕をあわせた数です。

(2) 下の数直線の〔　　〕にあてはまる数を書きましょう。
〔 **4** 〕〔 **0.7** 〕

(3) 4.7 は 5 より〔 **0.3** 〕小さい数です。

(4) 4.7 は 4 と 0.1 を〔 **7** 〕こあわせた数です。

(5) 4.7 は 0.1 を〔 **47** 〕こ集めた数です。

❷ 8.6 とはどのような数ですか。〔　　〕にあてはまる数を書きましょう。

(1) 8.6 は，1 を 8 こと 0.1 を〔 **6** 〕こあわせた数です。

(2) 8.6 は，0.1 を〔 **86** 〕こ集めた数です。

(3) 8.6 = 8 +〔 **0.6** 〕

(4) 8.6 =〔 **9** 〕− 0.4

❸ 自分で小数を 1 つきめ，❶，❷のように 4 通り以上のあらわし方でせつ明しましょう。3 人にせつ明し，なっとくしてもらえたらサインをもらいましょう。

きめた数〔（れい）**4.2**〕
あらわし方
（れい）・4 と 0.2 をあわせた数　・1 を 4 こと 0.1 を 2 こあわせた数
　　　・0.1 を 42 こ集めた数　・4 より 0.2 大きい数
　　　・5 より 0.8 小さい数　など

✎友だちのサイン

重さ 1

組　番　氏名_____

GOAL ぜんいんが，重さをたんい「g」をつかってあらわすことができる。

❶ 消しゴムとホチキスの重さを，1 円玉をつかってしらべます。つぎのもんだいに答えましょう。

消しゴム 1円玉 25こ　　ホチキス 1円玉 50こ

(1) 消しゴムとホチキスでは，どちらが重いでしょうか。また，そのりゆうを書きましょう。
（ **ホチキス** ）
[りゆう] **ホチキスのほうがつり合っている 1 円玉の数が多いから。**

(2) 重さをはかるときに，たんい「g」（グラム）をつかうとべんりです。それはなぜか考えて書きましょう。3 人にせつ明し，なっとくしてもらえたらサインをもらいましょう。
※1 円玉 1 この重さは 1 g です。

[せつ明] **ちょくせつ，天びんでくらべなくても，重さを g（グラム）をつかって，数字であらわすことができ，数字を見れば大きいかが分かるから。**

✎友だちのサイン

(3) 消しゴム，ホチキスはそれぞれ何 g ですか。
消しゴム（ **25 g** ）　ホチキス（ **50 g** ）

❷ 1 円玉をつかって，えん筆，ノート，はさみの重さをはかりました。それぞれ何 g ですか。

はかるもの	1 円玉
えん筆	5 こ
ノート	100 こ
はさみ	48 こ

(1) えん筆（ **5 g** ）
(2) ノート（ **100 g** ）
(3) はさみ（ **48 g** ）

❸ 天びんと 1 円玉をつかって，みのまわりのものの重さをはかってみましょう。

重さ 2

組　番　氏名_____

GOAL ぜんいんが，はかりをつかって，ものの重さをはかることができる。

❶ 下の図のはかりについて，つぎのもんだいに答えましょう。

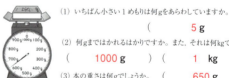

(1) いちばん小さい 1 めもりは何 g をあらわしていますか。（ **5 g** ）

(2) 何 g まではかれるはかりですか。また，それは何 kg ですか。（ **1000 g** ）（ **1 kg** ）

(3) 本の重さは何 g でしょうか。（ **650 g** ）

❷ はかりのはりのさしている重さを書きましょう。めもりの読み方を，3 人にせつ明し，なっとくしてもらえたらサインをもらいましょう。

(1)  （ **300 g** ）　(2) （ **900 g** ）

(3) （ **1kg 700 g** ）

✎友だちのサイン

❸〔　　〕にあてはまる数を書きましょう。

(1) 2kg =〔 **2000** 〕g　(2) 3kg 150 g =〔 **3150** 〕g

(3) 1800 g =〔 **1** 〕kg〔 **800** 〕g

重さ❸

組　番　氏名＿＿＿＿＿＿

🏁 GOAL
ぜんいんが，重さの計算のしかたをせつ明することができる。

❶ 重さ300gの入れものに，みそ900gを入れました。
（1）全体の重さをもとめる式を書きましょう。また，式のりゆうも書きましょう。

[式]　300 ＋ 900 ＝ 1200

[式のりゆう]
入れものの重さと，みその重さをあわせると，全体の重さになる。入れものの重さとみその重さがわかっているので，たし算でもとめられる。

（2）全体の重さは何gですか。また，何kg何gですか。
（　1200 g　）（　1kg 200 g　）

❷ ゆうたさんの体重は34kgです。大きな花びんをもってはかったら，41kgになりました。花びんの重さをもとめる式，答えを書きましょう。また，式のりゆうを書き，3人にせつ明し，なっとくしてもらえたらサインをもらいましょう。

[式]　41 － 34 ＝ 7　　[答え]　7kg

[式のりゆう]
ゆうたさんの体重と，大きな花びんの重さをあわせると，全体の重さになる。ゆうたさんの体重と全体の重さはわかっている。全体からゆうたさんの体重をひき，41 － 34 とすると花びんの重さになる。

❸ とても重いものの重さをあらわすたんいに，t（トン）があります。
〔　〕にあてはまる数を書きましょう。
（1）1000kg＝〔　1　〕t　（2）7000kg＝〔　7　〕t
（3）4t＝〔　4000　〕kg

円と球❶

組　番　氏名＿＿＿＿＿＿

🏁 GOAL
ぜんいんが，みんながなっとくする玉入れのならび方をせつ明することができる。

❶ 12人で玉入れをしようとしています。しかし，下のならび方では，なっとくしていない人がいます。そのりゆうを考えて書きましょう。

（1）一直線にならぶ。　（2）正方形にならぶ。　（3）丸い形にならぶ。

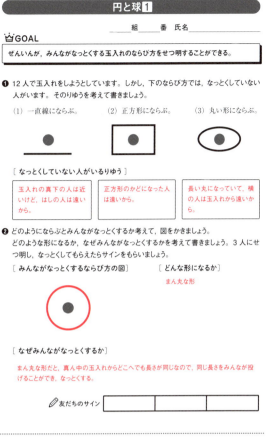

[なっとくしていない人がいるりゆう]

| 玉入れの真下の人は近いけど，はしの人は遠いから。 | 正方形のかどになった人は遠いから。 | 長い丸になっていて，横の人は玉入れから遠いから。 |

❷ どのようにならぶとみんながなっとくするか考えて，図をかきましょう。どのような形になるか，なぜみんながなっとくするかを考えて書きましょう。3人にせつ明し，なっとくしてもらえたらサインをもらいましょう。

[みんながなっとくするならび方の図]　[どんな形になるか]
まん丸な形

[なぜみんながなっとくするか]
まん丸な形だと，真ん中の玉入れからどこへでも長さが同じなので，同じ長さをみんなが投げることができ，なっとくする。

✏️ 友だちのサイン ｜　｜　｜　｜

円と球❷

組　番　氏名＿＿＿＿＿＿

🏁 GOAL
ぜんいんが，円とはどのような形かを，せつ明することができる。

❶ ものさし，ひも，工作用紙などの道具をつかって，丸い形をかきましょう。

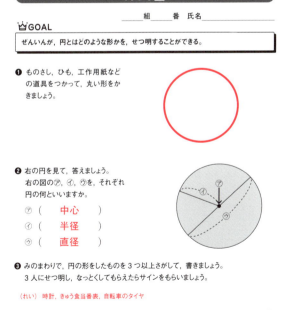

❷ 右の円を見て，答えましょう。
右の図の⑦，⑦，⑦を，それぞれ円の何といいますか。
⑦（　中心　）
⑦（　半径　）
⑦（　直径　）

❸ みのまわりで，円の形をしたものを3つ以上さがして，書きましょう。3人にせつ明し，なっとくしてもらえたらサインをもらいましょう。

（れい）時計，きゅう食当番表，自転車のタイヤ

✏️ 友だちのサイン ｜　｜　｜　｜

❹ つぎのもんだいの〔　〕にあてはまる数を書きましょう。
（1）半径が3cmの円の直径は，〔　6　〕cmです。
（2）直径は，円の〔　中心　〕を通る直線です。
（3）直径が8cmの円の半径は，〔　4　〕cmです。

円と球❸

組　番　氏名＿＿＿＿＿＿

🏁 GOAL
ぜんいんが，コンパスをつかって円をかいたり，はたらきをせつ明したりすることができる。

❶ コンパスをつかって，半径3cmの円をかきましょう。円のかき方を3人にせつ明し，なっとくしてもらえたらサインをもらいましょう。

✏️ 友だちのサイン ｜　｜　｜　｜

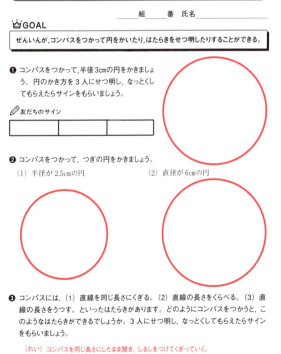

❷ コンパスをつかって，つぎの円をかきましょう。
（1）半径が2.5cmの円　（2）直径が6cmの円

❸ コンパスには，（1）直線を同じ長さにくぎる。（2）直線の長さをくらべる。（3）直線の長さをうつす。といったはたらきがあります。どのようにコンパスをつかうと，このようなはたらきができるでしょうか。3人にせつ明し，なっとくしてもらえたらサインをもらいましょう。

（れい）コンパスを同じ長さにしたまま開き，しるしをつけてくぎっていく。
コンパスを開き長さをはかる。その開きのまま，ほかの直線の上におき，くらべる。
長さをコンパスで計り，同じ長さの分直線にしるしをつけていく。

✏️ 友だちのサイン ｜　｜　｜　｜

答え

円と球 4

___組___番 氏名___

🏆 GOAL
ぜんいんが，球のとくちょうをせつ明することができる。

❶ 球とはどのような形のことをいうでしょうか。
せつ明を書きましょう。

  どこから見ても，円に見える形のこと

❷ 球を切った切り口は，どんな形をしているか書きましょう。
(**円**)

❸ 切り口がいちばん大きくなるときは，どんなときか書きましょう。
(**球のちょうど真ん中を切ったとき**)

❹ 球の直径は，2つのものではさんで，その間の長さをはかることでしらべることができます。これはなぜなのか，りゆうを考えて書きましょう。3人にせつ明し，なっとくしてもらえたらサインをもらいましょう。

[りゆう]

  球の直径は，切り口がいちばん大きくなるときの円の直径である。2つのもので，はさむと球が動かず安定し，その間の長さが，切り口の直径と同じ長さになっているから。

✏️ 友だちのサイン

❺ みのまわりから，球の形をしたものを見つけ，3つ以上書きましょう。

  (れい)　サッカーボール，ビー玉，あめ

分数 1

___組___番 氏名___

🏆 GOAL
ぜんいんが，分数をつかって，はしたの大きさをあらわすことができる。

❶ 色をぬった部分の長さは何 m ですか。分数であらわしましょう。また，そのりゆうを書きましょう。

(1) 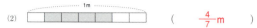 ($\frac{1}{4}$ m)

[りゆう] 1mを同じ大きさに4つに分けたうちの1つ分だから。

(2) 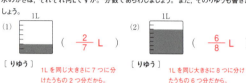 ($\frac{4}{7}$ m)

[りゆう] 1mを同じ大きさに7つに分けたうちの4つ分だから。

❷ 水のかさは，それぞれ何Lですか。分数であらわしましょう。また，そのりゆうも書きましょう。

(1) ($\frac{2}{7}$ L)　(2) ($\frac{6}{8}$ L)

[りゆう] 1Lを同じ大きさに7つに分けたうちの2つ分だから。

[りゆう] 1Lを同じ大きさに8つに分けたうちの6つ分だから。

❸ つぎの長さやかさの分だけ，色をぬりましょう。なぜそのようにぬったか3人にせつ明し，なっとくしてもらえたらサインをもらいましょう。

(1) $\frac{1}{5}$ m　(2) $\frac{5}{6}$ m

(3) $\frac{1}{3}$ L　(4) $\frac{3}{7}$ L

✏️ 友だちのサイン

分数 2

___組___番 氏名___

🏆 GOAL
ぜんいんが，分数のしくみや，小数とのかんけいをせつ明することができる。

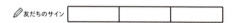

❶ 上の数直線の (1)，(2) にあてはまる分数を書きましょう。
(1) ($\frac{3}{4}$)　(2) ($\frac{5}{4}$)

❷ つぎのもんだいに答えましょう。
(1) $\frac{1}{4}$ m の 7 こ分の長さは何 m ですか。 ($\frac{7}{4}$ m)
(2) $\frac{1}{4}$ m の 4 こ分の長さは何 m ですか。 (1 m)
(3) $\frac{7}{6}$ m は $\frac{5}{6}$ m より何 m 長いですか。 ($\frac{2}{6}$ m長い)
(4) $\frac{1}{10}$ を小数であらわしましょう。 (0.1)

❸ $\frac{6}{10}$ と 0.7 ではどちらが大きいか不等号をつかってあらわしましょう。どのようにして大小をくらべたか3人にせつ明し，なっとくしてもらえたらサインをもらいましょう。

$\frac{6}{10}$ [<] 0.7　[くらべ方]

$\frac{1}{10}$ は 0.1 と同じ大きさなので，$\frac{6}{10}$ は，0.6 と同じ大きさ。0.6 と 0.7 は小数第一位をくらべると，0.7 のほうが大きい。

✏️ 友だちのサイン

❹ □にあてはまる等号や不等号を書きましょう。
(1) $\frac{11}{10}$ [>] 0.9　(2) $\frac{5}{10}$ [=] 0.5　(3) $\frac{2}{10}$ [<] 1

分数 3

___組___番 氏名___

🏆 GOAL
ぜんいんが，分数のたし算とひき算の計算のしかたをせつ明することができる。

❶ $\frac{2}{5} + \frac{1}{5} = \frac{3}{10}$ と計算しました。これはまちがいです。なぜ，まちがいであるといえるのか，また，正しい計算のしかたを書きましょう。

分母どうし，分子どうしをたしてしまっている。
$\frac{1}{5}$ が 2 こと，$\frac{1}{5}$ が 1 こをあわせると，$\frac{1}{5}$ が 3 こになるので，答えは $\frac{3}{5}$ になる。分数のたし算は，分母が同じときは，分母はそのままで分子をたす。

❷ $\frac{3}{5} - \frac{2}{5} = \frac{1}{0}$ と計算しました。これはまちがいです。なぜ，まちがいであるといえるのか，また，正しい計算のしかたを書きましょう。

分母どうし，分子どうしをひいてしまっている。
$\frac{1}{5}$ が 3 こから，$\frac{1}{5}$ が 2 こをひくと，$\frac{1}{5}$ が 1 こになるので，答えは $\frac{1}{5}$ になる。分数のひき算は，分母が同じときは，分母はそのままで分子をひく。

❸ ❶❷で書いたことを3人にせつ明し，なっとくしてもらえたらサインをもらいましょう。

✏️ 友だちのサイン

❹ 計算をしましょう。
(1) $\frac{1}{3} + \frac{1}{3} = \frac{2}{3}$　(2) $\frac{3}{6} + \frac{2}{6} = \frac{5}{6}$
(3) $\frac{4}{9} + \frac{5}{9} = 1$　(4) $\frac{1}{10} + \frac{9}{10} = 1$
(5) $\frac{2}{4} - \frac{1}{4} = \frac{1}{4}$　(6) $\frac{6}{7} - \frac{2}{7} = \frac{4}{7}$
(7) $1 - \frac{5}{9} = \frac{4}{9}$　(8) $1 - \frac{3}{8} = \frac{5}{8}$

□をつかった式❶

____組____番 氏名_____

🎯 GOAL
ぜんいんが，□をつかったたし算・ひき算の式の，□にあてはまる数のもとめ方をせつ明することができる。

❶ カードを 24 まいもっていました。何まいかもらったので，カードはぜんぶで 37 まいになりました。このとき，以下のもんだいに答えましょう。

(1) わからない数を□として，お話の場面を線分図にあらわしましょう。

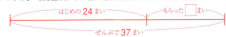

(2) もらったまい数を□として，お話の場面をたし算の式であらわしましょう。
[式]　24 + □ = 37

(3) □をつかった式を計算して，□にあてはまる数をもとめましょう。
[式]　37 − 24 = □
　　　　□ = 13　　[答え]　13 まい

❷ みかんが何こかありました。16 こ食べたので，のこりは 25 こになりました。このとき，以下のもんだいに答えましょう。

(1) わからない数を□として，お話の場面を線分図にあらわしましょう。

(2) はじめにあった数を□として，お話の場面をひき算の式であらわしましょう。
[式]　□ − 16 = 25

(3) □をつかった式を計算して，答えをもとめましょう。
[式]　16 + 25 = □
　　　　□ = 41　　[答え]　41 こ

❸ ❶❷の線分図や計算のしかたを 3 人にせつ明し，なっとくしてもらえたらサインをもらいましょう。
✎ 友だちのサイン

□をつかった式❷

____組____番 氏名_____

🎯 GOAL
ぜんいんが，□をつかったかけ算の式の□の数をもとめたり，式の意味をせつ明したりすることができる。

❶ 花かざりを，同じ数ずつ 4 人で作ったら，花かざりはぜんぶで 28 こになりました。

(1) わからない数を□として，お話の場面を線分図にあらわしましょう。

(2) わからない数を□として，お話の場面をかけ算の式にあらわしましょう。
[式]　□ × 4 = 28

(3) □をつかった式を計算して，□にあてはまる数をもとめましょう。
[式]　28 ÷ 4 = □
　　　　□ = 7　　[答え]　7 こ

❷ つぎの文を読んで□をつかったかけ算の式にあらわし，答えをもとめましょう。また，そのような式にあらわすりゆうも書きましょう。書いたものを 3 人にせつ明し，なっとくしてもらえたらサインをもらいましょう。

(1) 6 人ずつ馬車にのります。□台で，36 人のることができます。
[式]　6 × □ = 36　　[答え]　6（台）
[式のりゆう]　1 台にのれる人数×台数＝ぜんぶの数である。1 台にのれる人数は 6 人で分かっており，台数が分からないので□にして，6 × □ = 36 にした。

(2) □人ずつ馬車にのります。6 台で，36 人のることができます。
[式]　□ × 6 = 36　　[答え]　6（人）
[式のりゆう]　1 台にのれる人数×台数＝ぜんぶの数である。1 台にのれる人数は分からないので□人にし，台数は 6 台で分かっているので，□ × 6 = 36 にした。

✎ 友だちのサイン

2 けたのかけ算❶

____組____番 氏名_____

🎯 GOAL
ぜんいんが，(1 けた) × (何十)，(何十) × (何十) のかけ算の，計算のしかたをせつ明することができる。

❶ 4 × 20 の計算のしかたを考えて書きましょう。ただし，「九九」の計算と，「10 倍」ということばをつかいましょう。
[式]　4 × 20 = 80
[計算のしかた]

4 × 20 は 4 × 2 の 10 こ分と見ることができる。だから，4 × 20 の答えは，4 × 2 の答えの 10 倍になり，8 の右に 0 を 1 つつける。
4 × 20 =（4 × 2）× 10 = 80

❷ 40 × 20 の計算のしかたを考えて書きましょう。ただし，「九九」の計算と，「100 倍」ということばをつかいましょう。
[式]　40 × 20 = 800
[計算のしかた]

40 × 20 は 4 × 2 の 100 こ分と見ることができる。だから，40 × 20 の答えは，40 × 2 の答えの 100 倍になり，8 の右に 0 を 2 つつける。
40 × 20 =（4 × 2）× 100 = 800

❸ ❶❷の計算のしかたを 3 人にせつ明し，なっとくしてもらえたらサインをもらいましょう。
✎ 友だちのサイン

❹ かけ算をしましょう。
(1) 2 × 30 = 60　　(2) 7 × 60 = 420　　(3) 8 × 50 = 400
(4) 32 × 30 = 960　(5) 90 × 80 = 7200　(6) 50 × 60 = 3000

2 けたのかけ算❷

____組____番 氏名_____

🎯 GOAL
ぜんいんが，(2 けた) × (2 けた) のかけ算の，筆算のしかたをせつ明することができる①。

❶ 31 × 12 の計算のしかたを考え，式やことばで書きましょう。
[式]　31 × 12 = 372
[計算のしかた]

かける数の 12 を 2 と 10 に分ける。31 × 2 = 62，31 × 10 = 310。
62 と 310 をあわせて，62 + 310 = 372

❷ 31 × 12 の筆算での計算のしかたを考えて書きましょう。なぜ，そのような筆算の計算のしかたになるか，3 人にせつ明し，なっとくしてもらえたらサインをもらいましょう。

[筆算のしかた]
```
    3 1
  ×　1 2
    6 2
    3 1
    3 7 2
```
・かける数の 12 を 10 と 2 に分ける。
　31 × 2 = 62 なので，一だん目に 62 を書く。
　31 × 10 = 310 なので，2 だん目に 310 を書く。
　このとき，310 の 0 は書かなくてもよい。
　62 と 310 をあわせて 372

✎ 友だちのサイン

❸ かけ算をしましょう。

(1)　1 4　　(2)　2 1　　(3)　4 1　　(4)　3 0
　×　2 3　　×　4 2　　×　1 2　　×　1 3
　　4 2　　　　8 4　　　　8 2　　　　9 0
　　2 8　　　　8 4　　　　4 1　　　　3 0
　　3 2 2　　　8 8 2　　　4 9 2　　　3 9 0

(5)　2 3　　(6)　1 1　　(7)　2 4　　(8)　3 8
　×　3 3　　×　5 9　　×　1 4　　×　2 2
　　6 9　　　　9 9　　　　9 6　　　　7 6
　　6 9　　　　5 5　　　　2 4　　　　7 6
　　7 5 9　　　6 4 9　　　3 3 6　　　8 3 6

133

2けたのかけ算 ③

GOAL
ぜんいんが，(2けた) × (2けた) のかけ算の，筆算のしかたをせつ明することができる②。

❶ 32 × 28 の筆算のしかたを考え，右のように計算しました。
これはまちがえています。どのようにまちがえているか，
せつ明を書きましょう。

```
   3 2
 × 2 8
   7 6
```

[せつ明]
かける数の28を20と8に分けて，32×8の答えを1だん目に書くはずなのに，一の位，十の位どうしのかけ算をして，2×8＝16，3×2×10＝60をあわせた76を書いてしまっている。

❷ 73 × 94 の筆算での計算のしかたを考えて書きましょう。
なぜ，そのような筆算での計算のしかたになるか，3人にせつ明し，なっとくしてもらえたらサインをもらいましょう。

[筆算のしかた]
```
      7 3
  ×   9 4
      2 9 2
    6 5 7
    6 8 6 2
```
かける数の94を90と4に分ける。
73×4＝292なので，1だん目に292を書く。
73×90＝6570なので，2だん目に6570を書く。
このとき，6570の0は書かなくてもよい。
292と6570をあわせて，6862になる。

✎友だちのサイン

❸ かけ算をしましょう。

(1) 53 × 27 = 1431 (371, 106)
(2) 48 × 67 = 3216 (336, 288)
(3) 96 × 42 = 4032 (192, 384)
(4) 24 × 38 = 912 (192, 72)
(5) 43 × 28 = 1204 (344, 86)
(6) 29 × 43 = 1247 (87, 116)
(7) 46 × 62 = 2852 (92, 276)
(8) 18 × 65 = 1170 (90, 108)

2けたのかけ算 ④

GOAL
ぜんいんが，(2けた) × (2けた) のかけ算の，筆算のしかたをせつ明することができる③。

❶ 19 × 50 を筆算で，㋐，㋑のように計算しました。
㋑ではどのようにくふうをしているか書きましょう。

㋐
```
    1 9
  × 5 0
    0 0
  9 5
  9 5 0
```
㋑
```
    1 9
  × 5 0
  9 5 0
```
1だん目の，一の位に0を書き，そのまま19×5の答えを，十の位百の位に書いている。

❷ 6 × 24 の筆算で，㋐，㋑のように計算しました。
㋑ではどのようなくふうをしているか書きましょう。

㋐
```
      6
  × 2 4
    2 4
  1 2
  1 4 4
```
㋑
```
    2 4
  ×   6
  1 4 4
```
かけ算は，かけられる数とかける数を入れかえても答えは同じになるので，6と24入れかえて，計算をしやすくしている。

❸ ❶❷に書いたことを3人にせつ明し，なっとくしてもらえたらサインをもらいましょう。

✎友だちのサイン

❹ かけ算をしましょう。(4) ～ (8) は自分で筆算も書きましょう。

(1) 48 × 20 = 960
(2) 36 × 40 = 1440
(3) 67 × 30 = 2010
(4) 8 × 16 = 128 (16 × 8)
(5) 2 × 83 = 166 (83 × 2)
(6) 7 × 43 = 301 (43 × 7)
(7) 9 × 37 = 333 (37 × 9)
(8) 5 × 46 = 230 (46 × 5)

2けたのかけ算 ⑤

GOAL
ぜんいんが，(3けた) × (2けた) のかけ算の，筆算のしかたをせつ明することができる。

❶ 321 × 23 の計算のしかたを考え，式やことばで書きましょう。

[式] 321 × 23 = 7383

[計算のしかた]
かける数の23を20と3に分ける。
321×3＝963，321×20＝6420 あわせて，963＋6420＝7383になる。

❷ 697 × 52 の筆算での計算のしかたを考えて書きましょう。
なぜ，そのような筆算での計算のしかたになるか，3人にせつ明し，なっとくしてもらえたらサインをもらいましょう。

[筆算のしかた]
```
      6 9 7
  ×     5 2
    1 3 9 4
  3 4 8 5
  3 6 2 4 4
```
かける数の52を50と2に分けて考える。
697×2＝1394なので，1だん目には1394を書く。
679×50＝34850なので，2だん目には一の位を空けて，3485を書く。
1だん目と2だん目をあわせると，36244になる。

✎友だちのサイン

❸ かけ算をしましょう。

(1) 243 × 12 = 2916 (486, 243)
(2) 136 × 34 = 4624 (544, 408)
(3) 429 × 62 = 26598 (858, 2574)
(4) 384 × 72 = 27648 (768, 2688)
(5) 418 × 23 = 9614 (1254, 836)
(6) 264 × 38 = 10032 (2112, 792)
(7) 538 × 67 = 36046 (3766, 3228)
(8) 964 × 45 = 43380 (4820, 3856)

2けたのかけ算 ⑥

GOAL
ぜんいんが，(3けた) × (2けた) のかけ算の筆算を，答えの見当をつけてから計算することができる。

❶ 407 × 50 の筆算のしかたを考え，右のように計算しました。これはまちがえています。答えの見当をつけることによって，まちがえていることをせつ明しましょう。
また，正しく筆算で計算しましょう。

```
    4 0 7
  ×   5 0
  2 3 5 0
```

[せつ明]
400×50＝20000なので，
407×50は20000より大きい数になる。
2350はまちがいだと気づける。

[正しい筆算]
```
      4 0 7
  ×     5 0
  2 0 3 5 0
```

❷ 602 × 38 の筆算での計算のしかたを考えて書きましょう。
かけられる数の十の位が0のときに，どのような筆算のくふうができるか，3人にせつ明し，なっとくしてもらえたらサインをもらいましょう。

[筆算のしかた]
```
      6 0 2
  ×     3 8
    4 8 1 6
  1 8 0 6
  2 2 8 7 6
```
かけられる数の十の位が0のときには，くり上がりがあれば，くり上がりの数をそのまま書き，くり上がりがなければ，0を書く。

✎友だちのサイン

❸ かけ算をしましょう。

(1) 209 × 34 = 7106 (836, 627)
(2) 806 × 25 = 20150 (4030, 1612)
(3) 506 × 64 = 32384 (2024, 3036)
(4) 208 × 30 = 6240
(5) 706 × 40 = 28240
(6) 804 × 20 = 16080

2けたのかけ算 7

___組___番 氏名_____

👑GOAL
ぜんいんが，暗算のしかたをせつ明することができる。

❶ 25 × 4 の暗算のしかたを考えて書きましょう。
25 × 4 = 100
［ 暗算での計算のしかた ］
かけられる数の25を20と5に分ける。20 × 4 = 80，5 × 4 = 20，あわせて 100 になる。

❷ 25 × 4 の答えをもとにして 25 × 24 の暗算のしかたを考えて書きましょう。
25 × 24 = 600
［ 暗算での計算のしかた ］
25 × 4 のかける数が 6 倍になっているので，答えも 6 倍になる。
25 × 4 = 100 なので，25 × 24 = 600 になる。

❸ 27 × 3 の暗算のしかたを考えて書きましょう。
［ 暗算での計算のしかた ］
かけられる数の27を20と7に分ける。20 × 3 = 60，7 × 3 = 21，あわせて 81 になる。

❹ ❶～❸の暗算のしかたを 3 人にせつ明し，なっとくしてもらえたらサインをもらいましょう。
✏️友だちのサイン

❺ 暗算をしましょう。
(1) 25 × 16 = 400　(2) 36 × 25 = 900　(3) 43 × 2 = 86
(4) 18 × 5 = 90　(5) 320 × 2 = 640　(6) 140 × 6 = 840
(7) 28 × 30 = 840　(8) 25 × 80 = 2000

三角形 1

___組___番 氏名_____

👑GOAL
ぜんいんが，二等辺三角形と正三角形の見つけ方をせつ明することができる。

❶ ㋐の三角形は二等辺三角形，㋑の三角形は正三角形といいます。
それぞれ，どんな三角形かことばでせつ明を書きましょう。

㋐二等辺三角形
2つの辺の長さが等しい三角形。

㋑正三角形
3つの辺の長さがどれも等しい三角形。

❷ 下の図の中から，正三角形と二等辺三角形を見つけて，記号で答えましょう。
また，見つけ方をことばで書きましょう。3 人にせつ明し，なっとくしてもらえたらサインをもらいましょう。

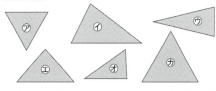

二等辺三角形（ ウ　エ ）　　正三角形（ ア　カ ）

［ 見つけ方 ］
コンパスをつかって，辺の長さをしらべる。2つの辺の長さが等しければ二等辺三角形で，3つの辺すべての長さが等しければ正三角形だとわかる。

✏️友だちのサイン

三角形 2

___組___番 氏名_____

👑GOAL
ぜんいんが，コンパスをつかって，二等辺三角形や正三角形をかくことができる。

❶ 辺の長さが，7cm，5cm，5cm の二等辺三角形を，コンパスをつかってかきましょう。
また，かき方のせつ明を書きましょう。

7cm

［ かき方のせつ明 ］
7cm の辺のはしを中心にして，コンパスで半径 5 cm の円の部分をかく。7cm の辺のぎゃくのはしをはりの中心にして半径 5 cm の円の部分をかく。2 つの円が交わったところと，7cm のへんの両はしをむすぶ。

❷ つぎの正三角形をかきましょう。かき方を 3 人にせつ明し，なっとくしてもらえたらサインをもらいましょう。

(1) 1 辺の長さが 3 cm　(2) 1 辺の長さが 6cm

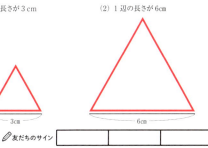
3cm　　6cm

✏️友だちのサイン

三角形 3

___組___番 氏名_____

👑GOAL
ぜんいんが，円をつかって，二等辺三角形や正三角形をかくことができる。

❶ 半径 3cm の円をかき，図のような㋐，㋑の三角形をかきましょう。

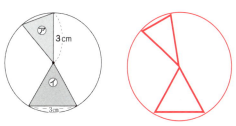

❷ ❶の㋐は二等辺三角形，㋑は正三角形になっています。それはなぜでしょうか。
りゆうを書きましょう。3 人にせつ明し，なっとくしてもらえたらサインをもらいましょう。

㋐の三角形の 2 つの辺は，円の半径になっているので，長さがどちらも 3cm で二等辺三角形になっている。㋑の三角形の 2 つの辺も，円の半径になっているので 3cm，もう 1 つの辺も 3cm なので，すべての辺の長さが等しく正三角形になっている。

✏️友だちのサイン

❸ 円とその中心をつかって，つぎの三角形をかきましょう。
・辺の長さが 2cm，2cm，3cm の二等辺三角形

答え

三角形 ④

___組___番 氏名_____

👑 GOAL
ぜんいんが，二等辺三角形と正三角形の角のとくちょうをせつ明することができる。

❶ 1つのちょう点からでている2つの辺が作る形を角といいます。
角を作っている辺の開きぐあいを，角の大きさといいます。
角の大きさが大きいじゅんに記号を書きましょう。

(え → う → あ → い)

❷ ・二等辺三角形では，2つの角の大きさが，等しくなっています。
・正三角形では，3つの角の大きさがすべて等しくなっています。
このことを，紙にかいて切りぬいた，二等辺三角形・正三角形をつかってたしかめましょう。また，たしかめ方をことばで書きましょう。3人にせつ明し，なっくくしてもらえたらサインをもらいましょう。

紙にかいて切りぬいたあと，角が重なるかどうか，おってたしかめると，2つの角の大きさが等しいか，3つの角の大きさがすべて等しいかがわかる。

✏️ 友だちのサイン [　] [　] [　]

❸ 三角じょうぎを2まいならべて，三角形を作りました。それぞれ何という三角形ができているか，また，そのりゆうを書きましょう。

(1) 　　(2)

(二等辺三角形)　　(正三角形)

[りゆう]
(2つの辺の長さが等しいから。) (3つの角の大きさがすべて等しいから。)

表とグラフ ❶

___組___番 氏名_____

👑 GOAL
ぜんいんが，集めたしりょうを整理し，表にまとめることができる。

すきな動物についてしらべました。下のように1人が1まいずつカードに書きました。

❶「正」の字をつかって人数をしらべ，表に書きましょう。また，「正」の字をつかってあらわした数を数字になおして，表に書きましょう。

[すきな動物と人数]

			しゅるい	人数（人）
犬	正 下	→	犬	8
ねこ	正		ねこ	5
ハムスター	正		ハムスター	5
うさぎ	下		その他	6
りす	丁		合計	24
さる	一			

❷ 上の表の「その他」には，どんな動物が入りますか。ぜんぶ書きましょう。
(うさぎ，りす，さる)

❸ すきな人の数がいちばん多い動物は何ですか。
(犬)

❹ ❶の表へのまとめ方と，表にまとめるとどのようなよさがあるかを，3人にせつ明し，なっくくしてもらえたらサインをもらいましょう。

どの動物をすきな人が多いかを，数字であらわすことができるので，わかりやすい。

✏️ 友だちのサイン [　] [　] [　]

表とグラフ ❷

___組___番 氏名_____

👑 GOAL
ぜんいんが，ぼうグラフのよさをせつ明することができる。

❶ なわとびをしたときの，とんだ回数をぼうグラフにあらわしました。
このとき，つぎのもんだいに答えましょう。
※ぼうグラフ…ぼうの長さで大きさをあらわしたグラフ

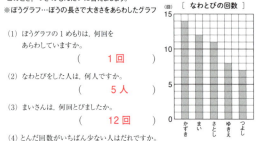

(1) ぼうグラフの1めもりは，何回をあらわしていますか。
(1回)

(2) なわとびをした人は，何人ですか。
(5人)

(3) まいさんは，何回とびましたか。
(12回)

(4) とんだ回数がいちばん少ない人はだれですか。
(つよしさん)

(5) さとしさんがとんだ回数とゆきえさんがとんだ回数のちがいは，何回ですか。
(3回)

(6) かずきさんがとんだ回数は，つよしさんがとんだ回数の何倍ですか。
(2倍)

❷ ぼうグラフにあらわすと，どのようなよさがあるか，考えて書きましょう。
3人にせつ明し，なっくくしてもらえたらサインをもらいましょう。

グラフを見ると，何がいちばん多くて，何がいちばん少ないかが，すぐにわかる。2つのもののちがいをくらべやすい。

✏️ 友だちのサイン [　] [　] [　]

表とグラフ ❸

___組___番 氏名_____

👑 GOAL
ぜんいんが，ぼうグラフのかき方をせつ明することができる。

❶ すきなおかしについ下の表にまとめました。これをぼうグラフにあらわしましょう。

[すきなおかしと人数]

しゅるい	人数（人）
チョコレート	9
せんべい	3
ポテトチップ	7
ケーキ	12
その他	4
合計	35

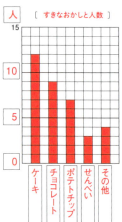

❷ ぼうグラフのかき方を3人にせつ明し，なっくくしてもらえたらサインをもらいましょう。

✏️ 友だちのサイン [　] [　] [　]

❸ どのようなときに表がべんりで，どのようなときにぼうグラフがべんりかを考えて書きましょう。

ぱっと見て，数が知りたいときは，表のほうがべんりである。
ぱっと見て，何が多いか少ないかくらべて知りたいときは，ぼうグラフがべんりである。

表とグラフ❹

___組 ___番 氏名_____

👑GOAL
ぜんいんが，ふく数の表を，1つの表にまとめることのよさをせつ明することができる。

❶ 3年生がすんでいる町を組ごとにまとめました。それぞれの組の人数の合計を空らんに書きましょう。

[1組]

町名	人数（人）
東町	6
西町	8
南町	10
その他	9
合計	**33**

[2組]

町名	人数（人）
東町	8
西町	10
南町	9
その他	7
合計	**34**

[3組]

町名	人数（人）
東町	9
西町	6
南町	12
その他	5
合計	**32**

❷ 学年全体のようすがわかるように，3つの表を1つの表にまとめました。
空らんにあてはまる数を書きましょう。

	1組	2組	3組	合計
東町	6	8	9	**23**
西町	8	**10**	**6**	**24**
南町	**10**	**9**	12	(1) **31**
その他	**9**	**7**	**5**	**21**
合計	**33**	(2) **34**	**32**	(3) **99**

❸ 表の (1), (2), (3), に入る数は，それぞれ何をあらわしていますか。
(1) (　**3年生で南町にすんでる人数**　)
(2) (　**2組の人数**　) (3) (　**3年生ぜんぶの人数**　)

❹ 3年生全体で，すんでいる人がいちばん多いのは，何町ですか。(　**南町**　)

❺ ❷のようにふく数の表を，1つの表にまとめるとどのようなよさがあるか，書きましょう。
3人にせつ明し，なっとくしてもらえたらサインをもらいましょう。

たてとよこに合計があって，3年生全体では，どこの町にすんでいる人が多いかなどが，一目で見ることができる。

✏️友だちのサイン ｜　　　｜　　　｜　　　｜

協　力	株式会社 教育同人社
編　集	ナイスク（http://naisg.com）
	松尾里央　高作真紀　鈴木英里子　杉中美砂　谷口蒼
装　丁	mika
本文フォーマット／デザイン	佐々木志帆（ナイスク）
ＤＴＰ	HOPBOX
イラスト	おたざわゆみ　久保田彩子　有限会社 熊アート　株式会社 バージョン

小学校　算数

『学び合い』を成功させる課題プリント集　3年生

2018（平成30）年4月16日　初版第1刷発行

編著者　西川　純・木村　薫
発行者　錦織圭之介
発行所　株式会社 東洋館出版社
　　　　〒113-0021 東京都文京区本駒込 5-16-7
　　　　営業部　TEL 03-3823-9206 ／ FAX 03-3823-9208
　　　　編集部　TEL 03-3823-9207 ／ FAX 03-3823-9209
　　　　振　替　00180-7-96823
　　　　http://www.toyokan.co.jp/

印刷・製本　藤原印刷株式会社
ISBN978-4-491-03521-5
Printed in Japan